庵谷行亨 著

法華経信仰の世界

——生命《いのち》の証《あかし》——

山喜房佛書林

曼荼羅本尊（遠沾院日亨上人）

まえがき

あなたはもうお会いになりましたか。私たちのことをいつも心にかけていて下さっている釈迦牟尼世尊に。あなたはもうお聞きになりましたか。心にひびく釈迦牟尼世尊のお言葉を。

いつでも、どこでも、釈迦牟尼世尊は私たちをご覧になり、私たちに声をかけていて下さっています。心を開き、素直に自分をみつめてみれば、きっと、釈迦牟尼世尊にいだかれている自分に気づくはずです。

そんな釈迦牟尼世尊と私たちのつながりを、日蓮聖人は、法華経の教えを通して私たちに教示されました。それがお題目の信仰です。

南無妙法蓮華経は釈迦牟尼世尊をいただくことです。釈迦牟尼世尊の生命《いのち》を生きることです。釈迦牟尼世尊の生命《いのち》と私たちの生命《いのち》が一体となって、常住の浄土〈永遠にして不滅の平和社会〉が実現するのです。

道は開かれています。今すぐにでも釈迦牟尼世尊にお会いできます。心から南無妙法蓮華経と唱えることができれば。南無妙法蓮華経は過去・現在・未来にわたり絶えることのない生命《いのち》の証《あかし》です。

一人でも多くの方が釈迦牟尼世尊とお会いになるよう願ってやみません。

昭和六十一年二月

庵谷行亨

目次

目次

法華経信仰の世界

―生命《いのち》の証《あかし》―

第一章　仏となるために

―釈尊をたずねて―

一　信仰の主体性

生きているって何でしょう。動く、食べる、考える、身体がいろいろ機能することでしょうか。それだけではないでしょう。「生」を定義するには多くの分野からの指摘が可能なはずです。ここでは精神的な問題として考えてみましょう。

精神的な意味での生の本質は魂の充実ということではないでしょうか。そうだとすれば、魂がどのように充実すればよいのでしょうか。問題はその内容です。

人間が一番さわやかな気持になるのはどのような時でしょう。念願がかなった時、楽しい時間を過ごした時、いろいろあります。ではこのような時はどうでしょう。何かをして喜んでもらった時。自分の行ないによって人の心がなごんだ時。何かをして人に喜んでもらった時、自分も何だか嬉しくなるでしょう。どうも人間は人の為に何かの役に立った時が一番さわやかな気持になれるような気がします。もしかしたらそんなところに魂の充実といったようなものがあるのかもしれません。

人間だれもが、「人の為に役に立ちたい」という気持で毎日の生活を送っていたら、社会はどのようになっていくでしょうか。きっと素晴しいものになると思います。でも、よく考えてみると、人の為に役に立つということはとても大変なことです。自分がよかれと思っても他人にとって迷惑なことだってたくさんあります。何が人の為になることかをよくよく考えなければいけません。そこで必要になってくるのが智恵です。

「考える」ということは私達だれでもがしますが、「本当によいこと」を見極める智恵は残念ながらだれもが完璧というわけではありません。この不完全という認識が大切なのです。自信も必要ですが過剰だと増上慢になってしまい、かえって自分も人も不幸にしてしまう結果を招きかねません。

そこで求められるのが、「本当によいこと」を見極める「完全なる智恵」です。それはどうしたらよいのでしょうか。

どうも「完全」ということを私達人間に求めるのは無理なような気がします。「完全」ということは仏様の世界にしかありません。「完全なる智恵」は仏様にしか備わっていないのです。仏様の智恵は私達を超えています。仏様は時間と空間を超えたとてつもなく大きい、広い視野に立って私達をみつめておられます。私達の喜怒哀楽を、共に喜び、共に怒り、共に哀しみ、共に楽しんで下さいます。仏様は私達の心を自らの心として私達に接し、導いて下さるのです。そのような仏様の慈悲の中で生きている私達が、仏様の智恵をいただくためにはどうしたらよいのでしょう。

日蓮聖人によれば、私達に与えられている道は一つしかありません。それは信仰です。仏様を信心受領することです。仏様を受領することは自分を空白にして、仏様の全体をそのまま素直にいただくことです。いただく自分は無です。こうして仏様の世界にいだかれ、仏様の世界で生きることを成仏といいます。仏様の全体をいただいて仏様の世界で生きることによって仏様の智恵を譲り受けるのです。

信仰とは仏様の智恵の中で生きることです。仏様の智恵をいただくのは、世の人々のために役に立つことが目的ですから、受領と同時に仏様の智恵の実現ということが問題になります。すなわち、受領の信は実現の要請に生きる決断をともなっていなければなりません。仏様の要請に生きる自覚的人格体は仏様の御意《みこころ》を背負っています。仏様の使者として、仏様の要請に自分を燃焼させることになります。これが信仰者の主体性でありましょう。仏様の受領という「否定された自分」が、そのまま仏様の世界に生きる主体者として蘇えるのです。

信仰とは仏様に自分を捧げることであり、その捧げることの意味が重要なのです。単に仏様に自分を投げ出すのではなく、投げ出した自分が仏様の御意を背負って立ち上がることがなければなりません。信仰とはすべからくこのような主体的なものでなければならないと思うのです。

日蓮聖人は仏様の智恵を妙法五字七字と受領されました。南無妙法蓮華経の信仰を通して妙法五字をいただくのです。南無妙法蓮華経の信仰は単に口先だけで唱えていてもだめなのです。南無妙法蓮華経の実践がともなわなければなりません。それが仏様の智恵の実現です。すなわち「人の為に役にたつ」ことです。

南無妙法蓮華経と唱えることがどうして人の為に役に立つのか、なぜ人々に喜びを与えるのか。それは、南無妙法蓮華経が仏様の智恵であり、功徳であるからです。私達が何も知らなくとも、南無妙法蓮華経の信仰によってこの上もない宝物をいただくことができるのです。それは成仏ということです。仏に成ることこそ、すべての人々が願い求めてやまない無上の宝珠《ほうじゅ》です。あるいは、人間の生存の意味と言ってもよいでしょう。それを南無妙法蓮華経の信仰によって実現することができるのです。

それでは、南無妙法蓮華経の実践とはいったいどういうことなのでしょうか。日蓮聖人の御生涯を思い起こしていただければその説明は不要でありましょう。日蓮聖人は南無妙法蓮華経に生命を捧げられました。それは何故でしょう。いうまでもなく「人々の為に」です。「人々の役に立つ」「人々に喜んでいただく」真の道を聖人は身をもって開示し、実現されたのです。まさしく日蓮聖人は仏様の世界を生きられたのです。度重なる大難に身は打ち破られても、日蓮聖人の魂は無上の喜びに満ちあふれていたことはいうまでもありません。

日蓮聖人が受領されたものと同じ要請が、今、私達一人一人に問われています。それはとこしえに慈光を発し給う久遠釈尊の悲願です。その勅命の中に、私達すべての人間の生きることの意味が内在しています。自分の名を呼び続けていらっしゃる仏様の御声が聞こえたら、その自分こそ尋ね求めている「私」にちがいありません。御声を聞くことは仏様の御意の中で生きることです。仏様の御意の中で生きるとは私が私として生きることです。そこに私達の「生」の意味があるのではないでしょうか。

（『日蓮宗信徒青年』第二七号　昭和五五年一〇月二五日）

二　主観と客観—宗学の主体性—

「事柄を羅列するだけが歴史ではない。その時代の人々が何を考え、どのように生きていったかを知り、自分もその人達と同じ気持にならなければ、本当の歴史の学問にならないよ」。歴史的事実を客観的に考証するのが歴史学だと考えていた私は、歴史学専攻の先生から、「歴史の学問とは、その当時の人達と共に生きることだ」と聞かされて、いささか驚いた。「そのような研究態度は、歴史学の分野では主観的だと言われるのではないですか」と答えながら、私は、自分の専攻している宗学について思いを馳せた。

思えば、宗学という特殊な学問が、その特殊性のゆえに「学問に非ず」と非難されて久しい。それはおそらく今日も変らないであろう。その特殊性とは「信仰」である。宗学は「信学」とも称される如く、信仰の学問である。信仰という極めて主観的な世界を客観的に論理化することを宗学と言うならば、宗学は主観的なものの客観化という矛盾した行為であると言えよう。信仰は宗学の生命であり、その本質である。したがって、信的内観の世界を客観的に論理化することは、内なる信を告白することを意味する。

純粋に客観的であるものを学問と称するならば、宗学は学問ではないかもしれない。しかし、宗学にとって、そのような議論は問題ではない。要は「私の信」が「真なる信」であるか否かこそ、常に問われねばならない宗学の根本問題である。仏陀（教主釈尊）の御本意に叶わぬ恣意的信は信とは言えない。それはむしろ仏陀に違背する大罪を犯すことである。

自らを「信仰者」と称する人は多い。しかし、その内なる信が「真なる信」であるかどうかを問う人は極めて少ない。

一日一秒たりとも仏陀に違背することは許されない。内なる信はたえず仏陀の前で裁かれている。それが信仰者の信認識である。したがって、信仰者は、自己を省察しつつ常に「信の道」を歩み続けていなければならない。謗法の大罪を犯す危険を常に孕んでいるゆえに、立ち止まることの許されない命をかけた歩みである。

信仰者の歩みとは仏陀の意思を背負うことである。仏陀の意思に随順するゆえに、仏陀の意思の具現に自らの生命をかけることである。そこに「内なる信」の実現がある。信仰者の自己実現とは仏陀の意思の実現である。

宗学は「内なる信」を単に「内なるもの」として成就しようとするのではない。「内なる信」とは「仏陀の信」である。仏陀を背負い、仏陀の意思を社会に具現する、その信仰的実践こそ宗学の生命であり、そこに宗学の主体性がある。日蓮聖人はこれを「立正安国」と称された。

宗学を志す者は、すべからく、仏陀を仰いで己の何たるかを知らねばならない。自己を知ること、そこから、生かされて活きる己の真の姿が自覚されてくるであろう。

歴史学で人間の実存を問うと言う。宗教は悠久の昔より、常に人間に問いかけてきた。仏陀と自己との信的交流（感応道交《かんのうどうきょう》）の論理を宗学は久しく語り続けて来たのである。

（『立正大学橘だより』第一〇号　昭和五八年一一月二八日）

三　信仰の眼《まなこ》

私達は日ごろ多くの人達と出会い、種々の縁で結ばれていく。幾重にも張りめぐらされた網の目のように、お互いが関係しあって社会を築き、それぞれがそれぞれの役割を分担しあって生きているのである。

そんな社会生活のなかで、人間は種々多様な事柄に出会い、その対応にせまられる。物心がついてから今日に至るまでの自分をふり返ってみれば、人はだれでも、いかに多くの事柄に対応し、それなりの処理をして今日にいたったかを、想い起こすことができるであろう。

私達は日常の生活の中で、毎日あらゆる場面において判断をせまられている。その判断の如何によっては、その人の生涯が大きく左右されるのみならず、その人の置かれている立場や、問題の内容によっては、他の人々、ひいては社会全体に大きな影響を与えることもある。

私達が種々の問題の対応にせまられる都度、下してきた判断の基準はいったい何であろうか。知恵・経験・経験によるひらめき、あるいは愛情・義理・慣習・利益など、私達はあらゆる事柄を考慮に入れ、よりよくあるであろうとの期待をこめて、一つ一つの判断を下していく。

いかに知恵の優れた人間であっても、人間の下した判断は完全ではありえない。しかしながら、人間は容易にその事実を認めようとしない。科学の魔力にとりつかれた人間は、人間こそ万能であり、人間の為に宇宙が在るとさえ錯覚してしまいがちである。人間が宇宙の一員に過ぎないことは、人間が呼吸をし、水を飲み、他の生物を食して生存している事実だけでも十分理解できる。大気や水質の汚染などは、無自覚な人間に対する自然界からの警鐘である。

釈尊は、人間だけが万能で、人間の判断が完全であるとはおっしゃっていない。むしろ、釈尊は法華経に諸法実相と説かれ、一雨等潤《いちうとうにん》の平等なる存在の世界をお示しになっている。

人間を超えた能力を認めることができたら、その人は、その人にとっての宗教の門戸を開いたことになるであろう。

私達の日常生活の中に、確かな信仰の裏づけがあったら、どれほど心豊かな日々をおくることができるであろうか。すべての人間が、単に個人的利益の追求に狂奔《きょうほん》することなく、釈尊の慈愛に生かされている実感と、その報恩感謝の生活をおくることのできる社会の実現を、心から願ってやまない。

物質文明の急速な発展の影にかくれて、精神文化の立ち遅れが指摘されて久しい。人々の精神文化の向上に寄与すべき責務を担う宗教は、ややもすれば個人的現世利益の祈願法要にのみ終始し、大衆の心に呼びかけようとはしない。宗教とは名ばかりで、人間の心から遊離した教団に、人々は何の魅力も感じなくなっている。

現代社会は、宗教の必要性が叫ばれながら、真に人々の心をとらえる宗教への道が、容易に人々に提示されていない。

日蓮聖人が活躍された鎌倉時代は、宗教が民衆を導き、民衆は宗教に支えられて生きていた。日蓮聖人は久遠釈尊のご本懐を法華経にみ、法華経の実践を通して釈尊のご意思を歴史社会に実現しようとされた。日蓮聖人の思考の基準は、常に法華経釈尊にあった。法華経釈尊のお言葉・ご意思が日蓮聖人の思考を決定づけ、行動を左右した。そこに日蓮聖人の人間としての完成（成仏）があるのである。

私達は、この世に生を享《う》けた以上、よりよい人生をおくりたいと願う。充実した人生は、自己の享楽的欲望によって得られるものではなく、自己を超えた偉大な力に抱かれることによって実感されるものである。それは私達が恣《し》意《い》的に釈尊に信仰をささげることではなく、日蓮聖人の信仰を通して釈尊と対面することである。日蓮聖人が信仰礼拝された法華経釈尊こそが、私達を生かし、私達を導き、私達に力を与えて下さる方だからである。

日常生活のあらゆる場面において、私達は、日蓮聖人が信をささげられた法華経釈尊を常にみつめ、心に抱き、釈尊に抱かれた実感のなかで、いつまでもいつまでも生き続けていきたいものである。

（『日蓮宗新聞』第一一一六号　昭和五九年九月二〇日）

四　限りなき追慕—釈尊成道会—

一　釈尊の成道

成道会《じょうどうえ》とは釈尊が悟りを開かれた日を記念して営む法会《ほうえ》である。

釈尊はインドの釈迦族の王子として生まれ、長じて出家をこころざし、十九歳のとき（異説あり）、意を決して城を出て沙門となられた。解説《げだつ》を求めて聖者賢者の教えを乞い、さらに尼連禅河《にれんぜんが》のほとりで苦行をされたが、苦行はいたずらに心身を苦しめるのみで解脱の道に達することができないと考え、尼連禅河で沐浴《もくよく》し、村の娘須闍陀《しゅじゃだ》の捧げる牛乳の粥《かゆ》を口にして体力を回復し、伽耶城《がやじょう》近くの畢鉢羅樹《ひっぱらじゅ》の下に赴き、吉祥草を敷いて坐された。ここで冥想に入り、十二月八日の未明、ついに悟りを開かれたのである。時に釈尊は三十歳（三十五歳とする説もある）であった。釈尊の成道にちなんで、畢鉢羅樹を菩提樹《ぼだいじゅ》と呼び、釈尊開悟の座を金剛座《こんごうざ》と称する。

悟りを開かれた釈尊は、その後諸国を遊行《ゆぎょう》して多くの人々を教化された。こうしてやがて仏教教団が形成されていったのである。

二　一つの真理

釈尊の悟りとは、縁起《えんぎ》・中道《ちゅうどう》などと称される宇宙の真理である。

釈尊は「法」を固定した概念でとらえないで、多方面から一つの真理を示そうとされた。ゆえに、四諦《したい》・十二因縁・縁起・中道・空《くう》・実相などと称される法門が説き示されても、その帰するところは一つの真理にほかならない。

三　開近顕遠の法門

日蓮聖人の教えを通して釈尊の成道を考えると、法華経寿量品の開近顕遠《かいごんけんのん》の法門がもっとも重要な問題であろう。

その時に世尊、諸の菩薩の三たび請じて止まざることを知《しろ》しめして、これに告げて言《のたま》わく、汝等諦《あきら》かに聴《き》け、如来の秘密神通の力を。一切世間の天・人および阿修羅は、皆今の釈迦牟尼仏、釈子の宮を出でて伽耶城を去ること遠からず、道場に坐して阿耨多羅三藐三菩提を得たりと謂《おも》えり。然るに善男子、我実に成仏してよりこのかた、無量無辺百千万億那由他劫なり（法華経如来寿量品）。

法華経の如来寿量品において、釈尊は久遠の成道を説き顕わされた。伽耶城近くの菩提樹下で悟りを開かれたと思っていたお弟子たちは、突然の釈尊のお言葉にさぞかし驚嘆したことであろう。釈尊はそのような弟子達の心情を察して、菩提樹下の成道にそくして久遠の成道を説き示されたのである。

菩提樹下の成道を始成正覚《しじょうしょうがく》（近成《ごんじょう》）、久遠の成道を久遠実成《くおんじつじょう》（遠成《おんじょう》）という。久遠の成道とは釈尊の寿命が永遠であることをいい、過去・現在・未来の三世にわたって、釈尊が常にこの世にましますことを意味する。釈尊は無量の光を放って人びとをみそなわし、深い慈悲の御手《みて》を垂れて、常に人びとを仏の世界へと導びかれているのである。そのような尊い釈尊のお姿が説き明かされたのが法華経如来寿量品の開近顕遠の法門である。

私たちが尊崇礼拝する釈尊は久遠実成の仏であるが、その久遠の仏はインドに出現し、菩提樹下で成道された歴史上の釈尊（始成正覚の仏）にそくして説き顕わされたのであり、久遠の釈尊も菩提樹下成道の釈尊を離れてはありえないのである。

四　題目五字七字の救い

日蓮聖人は常に釈尊を敬慕し、釈尊の御本懐である法華経の世界に自らを投入された。日蓮聖人にとって釈尊の悟りとは法華経であり、なかでも、釈尊はひとえに末法の衆生に御心をかけられ、法華経の肝要、題目五字七字による救いをお示しになったのである。

五　法華経修行の釈尊

法華経流布《るふ》のために世に出現された釈尊は、史上最初の法華経の行者としての生涯をおくられたのである。釈尊が御在世に遭遇された種々の大難（九横《くおう》の大難《だいなん》）は釈尊の法華経修行のお姿をしのばせるもので、法華経法師品に説かれる「如来の現在にすらなお怨嫉《おんしつ》多し、いわんや滅度の後をや」の文によれば、釈尊の御在世にすら怨嫉《おんしつ》を受けるのであるから、釈尊御入滅の後における法華経の修行はなお一層の受難が予想されるのである。日蓮聖人は、受難の釈尊に法華経の行者としての偉大な先駆者の姿を認め、敬慕の念をあつくされたのである。したがって「いわんや滅度の後をや」の文を身に帯し、たび重なる大難にも屈することなく、日蓮聖人は果敢に法華経の実践に身命を捧げられた。それは、日蓮聖人にとって、法華経の行者としての釈尊の世界を追体験することであったのである。

六　真実の報恩者

あるいはまた、菩提樹下で成道された釈尊が、やがて、父の浄飯王《じょうぼんのう》やかつての妻耶輸陀《やしゅだ》羅《ら》、子息羅睺羅《らごら》など一族を導かれたことは、三界第一の孝人としての範を示されたものとして、日蓮聖人は釈尊の行実に深い追慕の念をいだかれた。しかも、法華経提婆達多品の悪人成仏・女人成仏の教えは、一切の人びとの成仏をふみあけたもので、ここにおいて慈父の成仏・悲母の成仏も成就するのである。こうして、釈尊の行動と法華経の教えに真実の報恩の道が開示された。

七　成道会と立正安国の誓い

釈尊の成道は仏教の夜明けを意味する。仏教教団は揃って釈尊の偉大なお徳を偲んで慶讃法要を営むのである。とくに日蓮宗では、教主久遠釈尊の本質的一面であるとの深い意義を込めて、日蓮聖人が追慕してやまなかった釈尊の御威徳を偲んで、法要を行なう。久遠実成の釈尊は始成正覚の釈尊を通してその本質が顕わされる。したがって、始成正覚の釈尊は久遠実成の釈尊の中にそのお姿を拝することになるのである。しかも、それが単に久遠釈尊の属性としてではなく、久遠釈尊を通しながらも、法華経を修行し、衆生教化の慈悲行に生きられる個性的な釈尊として私たちに語りかけてこられるのである。

日蓮宗では、深い敬慕の念を込めて、十二月八日の釈尊成道会を迎え、この日を期して釈尊の悲願である法華経世界の実現（立正安国）に精進すべく、誓いを新にするのである。

（『日蓮宗新聞』第一一二三号　昭和五九年一二月一日）

五　釈尊とともに―昭和五十九年をふりかえって―

昭和五十九年も余すところ数えるばかりとなった。年末のあわただしさの中にも、新年を迎えるにあたっての期待やら願望やらがわき起こる。年内の仕事に追われながらも、心は新しい年にむかっている今日この頃である。

さて五十九年度を振り返ってみると、社会においても、宗門内においても、種々の事柄があった。思い出すままに少しく列挙してみると、社会面では、アンドロポフ・ソ連共産党書記長兼最高会議幹部会議長の死去、財田川事件谷口被告の無罪判決、グリコ・森永事件、ロンドンサミット、ロサンゼルスオリンピック、サラ金問題、アメリカ大統領選挙、全斗煥韓国大統領の来日、中曽根自民党総裁の再選、ガンジー首相暗殺、新札の発行、東京世田谷区のケーブル火災、板門店の銃撃戦、生体移殖問題などがあり、宗門内においては、竹下日康法主猊下の御遷化と岩間日勇猊下の新法主就任、ダライラマ氏の立正大学訪問、花房蓮華寺の落慶入仏式など多彩にして、枚挙にいとまがない。

それらの事柄は社会的にも、宗門内においても種々の問題を投げかけるものであったり、新たな展開を示すものであったりするが、加えて、日常生活の中で、人びとはさらに多くの事柄に遭遇する。人びとにとって、生活に密接に結びついた日常の事柄の方が、むしろ深刻であったりもする。

人間の生き方は個人によって、それぞれ異なるが、この世に生を享《う》けた以上、人はだれでも人生を意義あらしめたいと願うであろう。意義ある人生を歩むには一日一日を大切にし、誠実に生きるよう心がけねばならない。充実した日々の積み重ねが、悔いのない人生を築き上げていくのである。

今、この時期に、一年をふりかえって、自分の生き方を反省し、昭和五十九年を、人生の中にどのように位置づけるかを考えることも、大切なことであろう。

自らをふりかえることは己を知ることに繋がる。日蓮聖人は「法華経の明鏡に写してわが身の失《とが》を知る」(『開目抄』、取意)とおっしゃった。真実なるものに写せば、己のまことの姿が照らし出される。法華経の明鏡に自己を写すことは、法華経に自己を問うことであろう。

人は好んで罪をつくろうとは思わない。しかし、自覚の有無にかかわらず、人間の生には罪がともなう。「身の失を知る」とはそのような人間のあり方に気づくことであり、ひいては己の真のあり方を知ることであろう。

罪なる自己の自覚は、人間が生きる上での原点であるかもしれない。しかも、その認識は人間中心の考え方から生じるものではなく、むしろ人間中心主義を否定したところから出発する。真実なるものへの畏敬と渇仰が、明鏡に我が身を写すべき必然性を要請するのである。それは法華経釈尊の前に立つ自己である。

法華経釈尊の世界に生きようとする者は、法華経釈尊のお言葉に随い、御意にかなう生き方をしてきたであろうかと、常に自らに問いかけねばならない。否、その問いかけは、単に自己の内なる問いではなく、法華経釈尊の勅命を拝することである。

すべての人びとが、等しく法華経釈尊の面前に進み出て、自己のあり方を問うたなら、人びとの神《たましい》は洗われ、社会全体もまた浄《きよ》らかなものとなろう。

年末のせわしさに、ただ押し流されて明日を迎えるのではなく、あわただしさの中にも心の余裕をもって、自らの足元を確かに見つめていきたいものである。法華経釈尊と倶《とも》なる一日一日を踏みしめて、日々新に明日をきり開いていきたい。

確かな信仰に裏づけられた生活のなかから、新しい年を展望し、法華経釈尊の精神、立正安国の実現にむかって精進することを誓いたいものである。昭和六十年が、総ての人々にとって幸多い年であることを願ってやまない。


（『日蓮宗新聞』第一一二四号　昭和五九年一二月二〇日）

六　仏の心への問いかけ―春季彼岸を迎えて―

彼岸とは生死の迷いを超えた涅槃《ねはん》、すなわち悟りの境地をいう。梵語 pāramitā（波羅《はら》蜜多《みった》）は到彼岸と訳され、迷いの世界（此岸）から悟りの世界（彼岸）へ到ることを意味する。迷妄《めいもう》を離れて悟りの境地を得ようとする仏教の思想が、日本の伝統的な先祖供養の信仰と結びついて、彼岸会供養の行事が生まれた。

彼岸会の起源については諸説があるが、いずれにしても、日本だけの独特な年中行事で、春分と秋分の日を国民の祝日としている。彼岸は春秋の中日をはさんで前後三日、合計七日間で、この間に寺院では法要を営み、家庭ではおはぎなどをつくって仏前に供え墓参りをして先祖の追善を祈る。

とくに春の彼岸には、花やいだ雰囲気がある。寒い冬がようやく終ったという安堵《あんど》感が、春の本格的訪れを告げる彼岸の到来を花やいだものにするのであろう。雪に閉ざされ忍の生活を余儀なくされてきた冬の終りと、そよ風に草花の揺れる春の始まりを、日本人は春の彼岸によって実感するのである。

彼岸は、お年寄りが中心に行なう先祖供養の行事だと考えている人が多い。事実、彼岸になると寺院や墓地へ向かうお年寄りを多く見かける。

しかし、彼岸の意味は前述の通り、心の迷いを離れ涅槃寂静《ねはんじゃくじょう》の境地に達することである。自分の心を見つめ直し、人間としてのあるべき姿を自分に問いかけることが彼岸の意味であろう。

今日のような目まぐるしい社会の中で生きていると、いつの間にか時間だけが経過し、自分というものを忘れがちになる。個性豊かで人間性に満ちた人生をおくる為には、自分を自分の心に問いかけるくらいの余裕が必要であろう。

さらにそれを一歩踏みこみ、自分の姿を仏の心に問いかけることができれば、彼岸を迎えた意義はいっそう充実したものとなろう。仏の眼《まなこ》に見つめられ、仏の心に抱かれている自分を発見することができたらその人の人生は大きく変るにちがいない。

したがって、彼岸はお年寄りだけの行事ではなく、すべての人々が人生をよりいっそう有意義にするために、自己を省察し、心をみがく大切な機会であると思うのである。

先祖の霊を慰めることは自分の心を解きほぐすことである。先祖に心をかけることは自分を確めることである。連綿として続いてきた先祖の生命の息吹を受けて、今日の自分があることを思えば、先祖に思いをいたすことは自分の生命を見つめることを意味しよう。彼岸に先祖を供養し、かつ自分を見つめ直すことは、確かな自己の認識と自覚につながっていく。

そのような意味を彼岸にみいだすことができたなら、彼岸はお年寄りだけでなく、すべての人々が深い意義をこめて迎えるべき大切な年中行事であるといえよう。

今春の身延山彼岸会法要はＮＨＫ総合テレビで中継するという。遠隔地の人々もテレビを通して、祖山の荘厳な法会に接することができる。

春の彼岸が過ぎると花の便りを聞きながら、卒業式・入学式の時期となり、すぐに宗門は身延山の宗祖第七百遠忌大法要を迎えることとなる。

時の流れは早い。だれもが有意義な人生でありたいと願うであろう。そのためにも、一日一日が確かな歩みでありたいものである。彼岸の訪れは人生の大切さを私たちに告げている。そのことの自覚の有無が、私たちの人生を変えていくように思うのである。

（『日蓮宗新聞』第一一三四号　昭和六〇年三月二〇日）

七　釈尊への回帰—秋季彼岸を迎えて—

今年の夏は酷暑が続いた。航空史上最悪の事件となった日航機の墜落は日本国中の人々を震撼《しんかん》させ、その凄惨な事故の模様が報道されるたびに、悲惨な現実が人々の心をしめつけた。日本全国を包みこんだこの重苦しさが、夏の暑さをいっそう増幅したように思われる。

だれもが人命の尊さを熟知しながらも、その尊い人命をあずかる関係者が万全の措置をなしえず事故につながってしまったことや、その不幸に遭遇したかたがたの悲惨な巡り合せは、人間の能力への疑問や人間の命のはかなさをまざまざとみせつけた思いがする。

科学技術の進歩は人間社会に計り知れない幸福をもたらした。しかし、いつの時代にでも人間の力は万全ではない。その謙虚さを欠いたら人間は自滅の道を歩むことになろう。

人間の力を超えた大きな自然のうねりのなかで、私たちは生存している。人間は、自分たちの力だけで生きているのではなく、宇宙的規模の自然界の中で生かされているのだという現実を知った時、人間は、自分たちが置かれている本来の姿を見い出すことができるのではないだろうか。

夏に起きた大きな事件は秋風のそよぐ今日この頃までもさらに尾を引き、私たちにあらゆる問題をなげかけてくる。

その反省のなかから、人間そのものを問い直すべきであるという教訓が導き出されたとすれば、それは人類の未来を拓《ひら》く一筋の光明になるかもしれない。

仏教ではすべてのものは平等であると説く。この宇宙には人間だけではなく、あらゆる動物や植物が生存している。生物だけではなく、水や土砂、がれきなども存在し、それらは互いに存在を支えあっている。仏教ではそれらすべての存在を平等であると説く。とくに法華経ではこれを強調し、方便品第二に「諸法実相」と説いている。

「諸法実相」は仏の悟りである。あらゆる存在は真実の相《すがた》であるという絶対平等思想で、法華経はこれを〝一仏乗〟と説いている。すべてのものはそのままが不変の真理であり、仏の世界の顕現であるゆえに、一切は仏より出で、仏に帰入する。唯一絶対の仏の世界、これが〝一仏乗〟である。

仏の悟り、仏の智慧、仏の慈悲、仏の魂である妙法蓮華経は、一切衆生の救済を実現することのできる唯一絶対の教法である。したがって、妙法蓮華経に心から帰依する者は、仏の悟りの境地に達し、仏の智慧をいただき、仏の慈悲に包まれ、仏の魂に触れることができる。日蓮聖人は長年にわたる学問研鑽と数々の宗教体験を通して、この妙法蓮華経の信仰を覚知された。南無妙法蓮華経は法華経釈尊への信心帰依を誓う言葉である。

日蓮聖人が提唱された題目信仰は、人間そのものへの問いかけから始まる。一切は釈尊より出でた。我執に満ち慢心におちいった人間は今こそ釈尊に回帰すべきである。絶対平等の仏の智慧に照らされて、自らの何たるかを知らねばならない。

秋の味覚の便りが盛んに聞かれ、今年も二度目の彼岸を迎えた。しかし、今年の秋はいまだ悲惨な夏の余韻を重く引き摺っているように思われる。迷いを離れ、悟りへ近づくことを説く彼岸の一週間を、日本の人々はどのような感慨を込めて送るのであろうか。遭難死亡者の霊よ安らかであれ。遺族の深い悲しみをともに分ち、追善供養の祈りを捧げたいものである。祈りを通して釈尊の魂に触れることができたら、そこから釈尊世界に生きる慶びと勇気と希望が涌いてくるにちがいない。

私たちの日常生活には、さまざまな迷苦が充満している。その苦界を離れて釈尊世界へと魂の昇華を希《ねが》うことが彼岸の意味である。法華経の信仰を通して、死者の霊を慰め、共に釈尊世界に回帰せんことを祈ろう。唱題のなかに釈尊を拝することができたら、生と死を超えた新しい世界が拓《ひら》けてくるにちがいない。永遠不滅の浄土、釈尊と倶なる絶対常住の世界に生きることができたら、それは救いの成就であり、仏の悟界に達したことを意味する。完全なる魂の充実、人格の完成は万民の願いにほかならない。彼岸を契機に、そんな魂の根源に思いをいたし、人生の意義をかみしめたいものである。

（『日蓮宗新聞』第一一五二号　昭和六〇年九月二〇日）

八　捨身の誓い—昭和六十年を振り返って—

八千百七十五万人の人々が神社仏閣に参詣し、史上最高の人出を記録した初詣のにぎわいからスタートした昭和六十年も、はや、年末を迎えた。商店街やデパートの歳末商戦の喧噪《けんそう》に包まれて気ぜわしさだけが先行して、仕事のほうはなかなかはかどらない。毎年同じような思いの繰り返しで年を重ねていくのも、やはり凡人のかなしさであろうか。

思い起こせば本年も様々な事があった。正月気分を吹き飛ばしたのは一月下旬の広域暴力団抗争と、それにともなう山口組竹中組長の死亡、および続いて起きた日本福祉大学スキーバス転落事故であろう。新年早々、希望に燃えた二十五人もの若人が犠牲になった。同大学が日蓮宗系の大学であったことも、身内の事故として心が痛んだ。

二月には田中元首相入院、三月には幼児誘拐事件、五月には三菱南大夕張鉱ガス爆発、六月には豊田商事事件、同永野会長殺害、ジャンボ機同時爆破テロ、七月には長野市の地滑りで老人二十六人が死亡した。八月には思い起こすのも身震いするような日航ジャンボ機墜落、九月にはメキシコでマグニチュード七・八の大地震、十月には日本でも、関東地方にマグニチュード六・二の地震が起きた。十一月にはコロンビア火山噴火惨事、エジプト機乗っ取事件、国電ゲリラ、十二月には社長令嬢誘拐事件など、悲惨な事件がたたみかけるように起きて、人々の心を暗くした。

このほかにもグリコ・森永事件、毒入ワイン、毒入飲料など、いつどこで、誰が被害を受けるかわからない、危険で陰湿な事件が多発して、しかもそれらのいくつかが未解決のまま越年しそうな気配である。

こんななかで、筑波科学万博、初の日本人宇宙飛行士の誕生など、明るいニュースも少しはあったが、それらもかき消されるほど、今年は悲惨な出来事が多かったように思われる。

さらに、日本がかかえている今日的課題として、市場開放、国鉄再建、教育制度問題、税制問題、低年齢化する自殺やいじめ、衆議院議員定数是正、エイズ対策、難民・困窮民救援、医学倫理などがある。それらのほとんどは、日本の国のみならず、世界的視野に立って検討されねばならない問題であったり、人間の生存にかかわる深刻な問題であったりする。

人類の未来に楽観的希望は許されない。今、人類が直面している諸問題に対して、決して安易な対応は許されないのであって、もし選択や決定を誤ったなら、人類の未来はたちまちのうちに暗闇に覆われてしまうにちがいない。人間の未来を創《つく》りあげていくのは、けっして一部の政治家や財界人や科学者達ではない。私達一人ひとりがその立役者なのであって、私達は私達の責任において、自らの未来を切り開いていかねばならないのである。

まもなく新しい年を迎える。誰もが、今年こそはと決意を新たに来るべき寅年に望みを託す。それが自己の利益のみに走ることなく、人類の平和に結びつく誓いであってほしいものである。一人の力はまことに微々たるものであるかもしれない。しかし、平和を願う人々の心の輪が広がっていけば、それは社会を動かす大きな原動力となるであろう。平和の実現は一朝一夕に成し遂げうるものではない。清水が巌に沁《し》み込み、やがて巌をも砕くように、よどみなく涌き出でる強い勇気と深い思いがなければ、人類の未来を切り開くことはとうていできない。

日蓮聖人が生涯をかけてめざされたものはいったい何であったのか。言うまでもなく仏国土の実現である。仏国土とは仏の世界、仏の慈悲に包まれた世界、仏と倶《とも》なる世界、仏にいだかれた世界をいう。

『立正安国論』には、仏国に在れば「身はこれ安全にして心はこれ禅定」であると説かれている。身心ともに安らぐ世界、これこそ人類がいつの時代にも希求してやまない理想の境地ではなかったか。日蓮聖人は、身心ともなる永遠の安らぎを実現するために捨身の誓いを立て、数々の法難を甘受されたのである。

日蓮聖人の偉大な願業に思いを馳せる時、私達は自らの一日一日を反省せずにはいられない。今、昭和六十年の幕が閉じようとしている時、この一年間を振り返り、その反省のなかから、日蓮聖人に恥じることのない決意をこめて、来る昭和六十一年の幕を開きたいものである。

（『日蓮宗新聞』第一一六一号　昭和六〇年一二月二〇日）

九　此土の成仏—春季彼岸に想う—

「仏となれよ、いますぐに」とは、元身延山短期大学学頭故室住一妙先生の口ぐせであった。「なにはさておき、いますぐに」、「遠慮はいらん、いますぐに」と、室住先生特有の表現で信仰の要諦を示された。素朴な言葉のなかに人間の本質が語られていて、胸に迫るものがあった。

飄飄《ひょうひょう》とした風貌《ふうぼう》のなかに、熱烈な信仰の火を燃やしておられた室住先生に傾倒する人びとも多く、「身延の仙人」として慕われていた。そんな先生が昭和五十八年一月二十四日に遷化されてから三年を経たが、その遺徳を顕彰すべく『室住一妙遺稿集』刊行の企画がなされているとのこと、誠に喜ばしいかぎりである。

長い冬に耐え、待ちに待った春が到来して、はや彼岸を迎える。仏教の説く彼岸の教えを通して、室住先生が私たちに教示された「仏となる」ことについて考えてみたい。

彼岸は、迷いの岸から悟りの岸へ渡り、涅槃寂静《ねはんじやくじよう》の境地に達することをいう。この土を迷妄多き煩悩の世界として嫌い、はるかかなたに理想の世界を夢みる思想は浄土教の教えによる。

日蓮聖人は此土に浄土をみられた。五濁《ごじよく》充満のこの娑婆《しやば》世界こそ、久遠釈尊と倶《とも》なる永遠不滅の浄土であるとし、この「常住の浄土」（『観心本尊抄』）実現のために、聖人は生涯を捧げられたのである。

日蓮聖人の教えによれば、彼岸は此土を厭離《おんり》して他土に求めるものではなく、私たちが生活しているこの娑婆世界において、久遠釈尊の生命に包まれるのである。したがって、釈尊の世界をこの土に実現することが、法華経信仰者にとっての「彼岸」の意味であろう。

日蓮聖人の宗教は、死後の安楽のみを願う教えではない。死して浄土を期すのではなく、現在の生において浄土を実現するのである。現在の生において、久遠釈尊と一体となった「常住の浄土」が実現されれば、成仏は永遠のものとなる。現在の成仏が死後の成仏をも確定するのである。

「南無妙法蓮華経」のお題目は今を生きる力である。久遠釈尊の慈悲の光に照らされている自分をしっかりとみつめ、心から「南無妙法蓮華経」と唱えることができれば、自然《じねん》に釈尊の御功徳を頂くことができる。

釈尊は毎《つね》に私たちを成仏せしめようと念願され、その御手を差しのべていて下さっている。いつでも、どこでも、私たちは、その自覚さえすれば釈尊の御手に抱かれ、「常住の浄土」に生きることができる。

そのことを室住先生は、「仏となれよ、いますぐに」とおっしゃったと思うのである。私たちの信の発動を、「いまか」、「いまか」と待ち望んでおられる釈尊のありがたさ、その釈尊の胸のなかに、どうしてとび込まないのかというもどかしさ、それが「なにはさておき」「遠慮はいらん」の表現となって、室住先生独特の「うた」が生まれたのであろう。

室住先生は信仰の人であった。一途に信仰に生きられた。その堅固な信にだれもが敬服した。しかし、室住先生は尊敬されることなどは望まれなかったであろう。日蓮聖人の教えに導かれて、倶《とも》に法華経の成仏を頂くことが先生の願いであった。成仏は眼前にある。万人にとってもっとも大切な成仏が、眼前にある。今すぐ、みんなで仏になろうじゃないか。先生はいつもそうおっしゃっていた。

今年も彼岸が近ずいた。仏の悟界はこの土にある。いつでも、どこにいても、釈尊は私たちとともにましますｒ。室住先生の声が聞こえる。

……仏となろう、いますぐに……。

（『日蓮宗新聞』第一一六九号　昭和六一年三月一〇日）

第二章　心のふれあい

―日蓮聖人との出会い―

一　私の日蓮聖人

一

「歴史が評価する」とは言うものの、こと人物に関する評価は容易に断定しえないことが多い。そもそも人物評価なるものは個人の一面のみを強調することが多く、場合によっては人格さえも無視した評価がなされることがある。

日蓮聖人についても例外ではない。世間の評価は「剛直な人」というところであろうか。ある学者が「日蓮聖人は長年誤解され続けてきた」と言われるのも、このような世間の一面的聖人評価に対する批判から出たものであろう。

確かに日蓮聖人には「剛」の面が強い。大難の興起をものともせず法華経の弘通に生涯を捧げられた聖人のお姿を思う時、人はだれでもその鋼のように強い精神力に感嘆せずにはいられない。

しかし、そのような剛直の精神が、あたかも聖人御自身の性格であるかのような受け取り方が、正しい聖人理解を防げているのではないかと思う。

言うまでもなく、聖人の強盛なる折伏精神は法華経の教えに基づくものである。釈尊出世の本懐が法華経であれば、法華経の一文一句はこれ釈尊の告勅にほかならない。釈尊の教えに随順するゆえに聖人は強い態度で宗教活動を展開されたのである。それは決して聖人の性格でも恣意でもなく、釈尊の勅命を蒙むり、釈尊の思召のままに生きようとする聖人の全く素直な信仰の発露にほかならなかったのである。

二

文永元年（一二六四）十二月十三日、日蓮聖人は大病を煩い信仰の動揺に悩む一檀越に書面を送られた。その年の十一月におこった東条松原の事件から約一ヵ月を経て執筆されたこの書面には、法華経の行者として生きる聖人の心意気が躍動している。「御所労之由承候はまことにてや候覧」という書き出しからなるこの書面の対告者南条兵衛七郎は、病の中で法華経信仰に動揺を生じ、家族全員が信じている念仏信仰に再び心が動かされそうになる自分を、切々と聖人に訴えたもののようである。臨終を目前にした兵衛七郎に対し、聖人は「いつも話していることであるが」と五義の法門を教示され、念仏信仰への退転は「峯の石の谷へころび、空の雨の地におつるとおぼせ。大阿鼻地獄疑なし」と訓されたのである。

南条兵衛七郎はこの時「死」を見ていたのである。自らの死が決定的であるゆえに、兵衛七郎は真剣に死後の救いを聖人に求めたのであろう。家族のすすめる念仏信仰と日蓮聖人の教えである法華経信仰の間を、病の床の中で兵衛七郎の心は揺れ動いた。その懊悩をつづった書面を受けとられた聖人は、安房国より、はるかに富士上野郷で病床に伏す檀越にむかい、強い態度で法華経信仰の堅持を教示された。

聖人は兵衛七郎からの書面に彼の死を読みとられたようである。聖人は「日蓮は日本第一の法華経の行者也」と断言された次下に、「もしさきにたたせ給はば梵天・帝釈・四大天王・閻魔大王等にも申させ給べし、日本第一の法華経の行者日蓮房の弟子也、となのらせ給へ。よもほうしんなき事候はじ」と記されている。臨終を目前にした兵衛七郎にとって、この言葉はどんなに心安まる教示であったことか。聖人は兵衛七郎の死を、決して他人の死とは考えておられない。「もしさきにたたせ給はば」の文面に、聖人は兵衛七郎との精神的連繫を意図されている。兵衛七郎は決して一人で死の旅発ちをするのではなく、「日蓮房の弟子」として霊山へ赴くのである。一見、大上段に思える「日蓮は日本第一の法華経の行者也」の言表にも、その裏に、死出の旅に赴かんとする兵衛七郎への聖人のいたわりが込められている。聖人はこの書面を通して「貴方の旅発ちは日蓮と共なる旅発ちである」と教示することによって、兵衛七郎の死を自らの死と受けとめ、彼の後生を法華経信仰の中に保証されたのである。

悩める一檀越の心を自己の心として共に歩もうとされる聖人の姿が、この一通の書面の中に余すことなく描写されている。

からくも散逸をまぬがれた現存七紙の御真蹟断簡を拝すると、この書面は、聖人の御心境を写したかのように、鋭く走るような筆勢でつづられている。

三

南条兵衛七郎は文応・弘長の頃、鎌倉で聖人の教えに浴し、入信したものと考えられている。この書面が送られた文永元年までの三・四年間に聖人の教えに次第に深く傾倒していったのであるが、従来信仰していた念仏への思いを完全に絶ち切ることができなかったようである。文永元年、病に冒され、死に直面した限界状況の中で、その苦悩を聖人にうったえたのである。前述のごとく、聖人からかくも慈愛のこもった教導にあずかった兵衛七郎は、その後、心の安住を得たのか、一時、快復に向かった。しかし、病は徐々に兵衛七郎の肉体をむしばみ、翌二年に妊娠中の妻と子をのこして死去したのである。

子供をかかえ、しかも妊娠中に夫をなくした兵衛七郎の妻の悲哀はいかばかりであったことか。この時聖人は、兵衛七郎妻にあて、あたかも生者のごとく慈愛を込めて妻子を見守る、夫として父としての故兵衛七郎をリアルに描写したお見舞の書面を送られている。

さだめて霊山浄土にてさば（娑婆）の事をばちやうや（昼夜）にきき、御覧じ候らむ。

ついには一所とをぼしめせ。生生世世の間、ちぎりし夫は大海のいさごのかずよりもをもくこそをはしまし候けん。今度のちぎりこそ、まことのをとこ（夫）よ。

文永二年と考えられているこの七月十一日付の書面には悲嘆に沈む故兵衛七郎の妻を思いやられる聖人の心情が繰り返し繰り返し吐露されている。この聖人からの書面を通して、残された妻や子は生前以上に自分達に寄り添い、日々の生活に力を与える存在となっている父親を感じたにちがいない。

四

　後に、成人した兵衛七郎の遺児南条時光は、久かたに身延の日蓮聖人のもとをたずねた。文永十一年（一二七四）のことである。思えば文永元年の暮、聖人が南条兵衛七郎へ書面を送られてから満十年の歳月が流れていた。その間、聖人は龍口法難、佐渡流罪という、生涯の中でも特出すべき事件をのりこえ、観心法門の体系化を図るなど、その教えと行動により一層の深みと輝きを加えておられた。しかし、その十年という長い歳月も、南条親子に対する聖人の心には何の異変ももたらしてはいなかった。深山《みやま》をわけ入り身延に参じた時光と対面されたその瞬間に、あたかも兵衛七郎と再会したかのように、聖人は心を開いて成長した時光を温かく迎えられたのである。その時の聖人の喜びと父の遺志を継いだ時光の感激は言語に絶するものがあったにちがいない。

　時光を送り出して間もなくしたためられたと思われる七月二十六日付の書面に、聖人は「あたかも兵衛七郎を目前に見る思いがした」と述べられている。南条親子に対する聖人の情愛の深さが窺われるこの短い書面は、現在水戸久昌寺に所蔵されている。以下はその全文である。

鵞目十連かわのり二帖しやうかう二十束給候了。かまくらにてかりそめの御事とこそをもひまいらせ候しに、をもひわすれさせ給ざりける事、申ばかりなし。こうへのどのだにもをはせしかば、つねに申うけ給なんと、なげきをもひ候つるに、をんかたみに御みをわかくしてとどめをかれけるか。すがたのたがわせ給ぬに、御心さえにられける事いうばかりなし。法華経にて仏にならせ給て候とうけ給て、御はかにまいりて候しなり。又この御心ざし申ばかりなし。今年のけかちに、はじめたる山中に、木のもとに、このはうちしきたるやうなるすみか、をもひやらせ給へ。このほどよみ候御経の一分ことのへ廻向しまいらせ候。あわれ人はよき子はもつべかりけるものかなと、なみだかきあえずこそ候へ。妙荘厳王は二子にみちびかる。かの王は悪人なり。こうえのどのは善人なり。かれにはにるべくもなし。南無妙法蓮華経〳〵。

七月二十六日　　　日蓮　花押

御返事

五

日蓮聖人に出会って久しい時が流れた。しかし本当に私が日蓮聖人に出会ったのは一体いつの日であったのであろうか。

師父のうしろから、兄と共に太鼓をたたいて歩いた寒中の托鉢行は幼い私にとってはとてもつらい日々であった。一軒一軒の軒下に立ち、法華経を読誦し廻向を繰り返す師父がとても強い人にみえた。快く布施に応じる家もあれば犬を追うように玄関から手だけ出して振る家もあった。寒中のほんの少しの期間ではあったが、くる年もくる年も、私たちは村から村へと渡り歩いた。幼いながらも、私はじかに村人の生活の匂に触れることによって、大人の世界を垣間見たような気がした。無視されても、拒否されても師父は動じなかった。どの家も同じようにお経をとなえ、廻向を繰り返した。兄と私は凍える足の痛みに耐えながら、師父の後に立って太鼓を打ち、経を誦し、題目に和した。雪の中に立ち師弟三人、太鼓を打ち鳴らし題目を唱える。今思えばそんな日々が、私の日蓮聖人との出会いであったのかもしれない。

しかしそれは全く素朴で、幼い私の感覚的な日蓮聖人との出会いでしかなかったように思う。

昭和四十二年四月、私は師父にともなわれて上京した。その日から立正大学仏教学部に学び、池上本門寺の境内にある池上学寮で生活することとなった。

池上は日蓮聖人御入滅の聖地である。聖人の膝下に侍っての学生生活は何事にも代え難い意義深い日々であった。

日常生活にありがちな人間臭さを越えて、聖風に浴しての日々は聖人の遺徳の深さとかたじけなさに包まれていたように思う。

六

私の日蓮聖人は厳格で妥協を許さない。しかし、その日蓮聖人が驚くほどやさしく私の心を包みこんでいる。それは父の厳愛と母の慈愛に似て、私を導き私を包む。

日蓮聖人は単に私の心に生きるのではなく、聖人において私の全体が生かされている。そんな実感の中で私は今日を生きている。

七百年の時の流れを越えて、日蓮聖人は今も変らぬ光を発して、私達を包み導こうとされる。その永遠の光に日蓮聖人の「今」がある。そんな聖人の「今」を私達の「今」として、いかに生きるかが私達に課せられた使命であろう。この生命を日蓮聖人の生命として、どこまでもどこまでも歩み続けることができたら、これに過ぎたる幸いはない。

（『新潟東部日青』第七号　昭和五七年六月一五日）

二　日蓮聖人の心

莚三枚・生和布一篭給了。抑三月一日より四日にいたるまでの御あそびに、心なぐさみてやせやまいもなをり、虎とるばかりをぼへ候上、此御わかめ給て師子にのりぬべくをぼへ候。さては財《たから》はところにより、人によて、かわりて候。此身延山には石は多けれども餅なし。こけは多けれどもうちしく物候はず。木の皮をはいでしき物とす。むしろいかでか財とならざるべき。

一

日蓮聖人は建治三年（一二七七）の暮れもおし迫った十二月三十日、下腹のさしこみを感じ病床につかれた。聖人御自身、「はらのけ」「やせやまい」「下し腹」等とお述べになっているごとく、下痢の症状を呈され、しかもかなり悪性のものであったようである。翌弘安元年（一二七八）にかけて、病状は悪化の傾向をたどり、六月初には、一時、重体になられたが、医術に心得のある四条金吾をはじめ、門下檀越の手厚い看護のかいあって、その月の末には快復に向かわれた。しかし十月には再発し、急激に容体は悪化、再び重体におちいられた。閏十月下旬、やや快復に向かわれたものの、弘安二年（一二七九）から三年にかけてはややもすると下痢になりやすい小康状態のなかで過ごされていた。弘安四年（一二八一）も病苦のなかで過ごされた聖人であったが、弘安五年（一二八二）には小康をとりもどされ、入山されてより八度目の春を身延山中で迎えられた。

南条時光が聖人のもとを訪ねたのは、身延の御草庵に明るさが戻ったそんなうららかな春の日であった。三月一日より四日にかけて、時光は日蓮聖人を見舞い、聖人御自身も心楽しい日々を過ごされ、時光の志を充分に汲みとられたのであった。

二

温暖な房州に生まれ育ち、鎌倉を中心に活動されていた聖人が、急に北国佐渡国へ流罪の身となられたのは文永八年（一二七一）十月のことであった。陽光あふれる相模国から、冬は雪に閉ざされる佐渡国へ渡られ、聖人の生活環境は急激に変化した。文永十一年（一二七四）三月にいたるまで、聖人は三度にわたって北国の冬を過ごされた。文永八年の幕府の大弾圧は、聖人の生涯のなかでも最大の危機であった。その精神的衝撃に加えて、初めての、しかも流人としての北国の生活は、頑健であった聖人の身体を徐々にむしばみはじめていたのではないだろうか。

文永十一年三月に帰倉されるや、聖人は、五月に鎌倉を発ち、その足で身延に入山された。佐渡の二年五ケ月にわたる苦難の生活を送られた聖人の身体には、寒気と湿気の多い山中の生活は決して好ましい環境ではなかった。加えて衣食も欠乏しがちな日々を、聖人は幾日も耐え忍んで送られたのである。

南条時光はこのような聖人の状況を充分に理解していたのである。身延の聖人のもとへ諸檀越から供養の品物が届けられたが、時光は上野郷（富士宮）に住むという地理的条件もあって、農産物等の食糧品をしばしば聖人のもとへ届けていた。此度の身延登詣も、聖人のお身体を案じた時光が、心づくしの供養の品々を携えての来訪であったにちがいない。

三

南条時光は父南条兵衛七郎以来、親子二代にわたって日蓮聖人の教化に浴してきた。父兵衛七郎は病に冒され、時光が幼少の時に聖霊《しょうりょう》となった。死を目前にした兵衛七郎は必死に聖人の教えにすがり、聖人の励ましを受け、「日本第一の法華経の行者日蓮大聖人の弟子」として霊山《りょうぜん》へおもむいた。幼い時光が、法華経の信仰のなかで霊山へ旅発った父を記憶していたかどうかは定かではない。しかし、父亡きあと、妊娠中で身重の母が、日蓮聖人の温かい励ましを受けながら幼な子を育て、今日にいたったことは時光のよく知るところであった。成人した時光が、身延に入山されて間もない聖人のもとを尋ねたのは、父の死から数年を経た文永十一年のことである。「まるで貴方のお父さんにお会いしているようだ」と、涙ながらの日蓮聖人に迎えられた日の感激を、時光は終生忘れることはなかったであろう。

四

聖人と時光には、互いにそんな心の結びつきがあった。

四日間にわたる聖人慰安の日々の中で、時光の心中には、かつて十六年前に、病床にあって臨終を目前にした父兵衛七郎に、激励の手を差しのべて頂いた聖人に対する熱い感謝のおもいがあったことであろう。

五

冒頭の一文は、弘安五年三月上旬、日蓮聖人から南条時光へ宛られた書簡（莚三枚御書）の一節である。聖人の病気見舞いから帰った時光は、早速、莚三枚と生和布一篭の供養を聖人に捧げた。身延山中の生活を垣間見た時光は、聖人が敷物に困窮されている様子を祭したものであろう。そんな時光の志を受けられた聖人は、深い感謝の気持をこめて一通の書面を時光に送られた。四日間にわたる時光の見舞いを受けて、いかに心が慰さめられたか、いかに病状が快復したかを、聖人は「虎とるばかり」と表現され、加えて此度の生和布の供養により「師子にのるがごとく力がついた」と述べられている。さらに莚が今の山中の生活にいかに必要であり、貴重であるかを綿々とつづって、時光の志に応えられたのである。

六

時光は力の限りを尽して聖人に給仕の誠を捧げた。それは時光が、自分の心を充分にくんで応えて下さる日蓮聖人の心に触れたからである。通常の人の目には、「やせやまいもなをり」「虎とるばかり」「師子にのりぬ」は余りにも大げさな表現と映るかもしれない。しかし、聖人は文字に表わしえないほど深い感謝の気持をこの言葉に込められたのである。時光の見舞いによって決して病が治ったわけではなかった。事実、この身延の春が聖人にとって生涯最後の春となったのである。「やせやまいもなをり」は聖人の時光に対する計り知れない感謝の表現にほかならない。相手の心を心として対応して下さるそんな聖人の心に、時光は深く帰依していたのである。

七

聖人の御生涯六十年間に、多くの人々が聖人に帰依し、救いの教導にあずかった。個性の強い聖人の宗教のもとに、多くの人々がより集った一つの理由は、このような聖人の、人々への接し方にあったように思えるのである。相手の心を自らの心として語りかける聖人の心が、人々の心をとらえて離さなかったのではないだろうか。そんなところに、人間性豊かな日蓮聖人の一面を見る思いがするのである。

(『妙蓮華』第一九号　昭和五八年七月)

三　日蓮聖人を慕いて

建治元年（一二七五）初夏、深い緑におおわれた身延山をめざして、黙々と歩を運ぶ一人の旅人があった。長旅の様子でその足どりに疲れが見えるものの、顔面がほころび、眼に光が宿っている。

旅人にとって、此度の身延登詣は二度目であった。そのことが旅人に幾分かの余裕をもたせているようであった。

深い木立に囲まれた身延山の草庵にたどり着いた時、旅人の瞳は涙にうるんでいた。北国佐渡国より海を渡り、山河を踏み越えての長旅は、齢五十の声を聞く旅人にとって、決して楽な道程ではなかった。しかも旅人はこの年の春にも身延山を訪れていた。くり返し参詣を志したのは、ひとえに日蓮聖人にお逢いしその目差《まなざし》に接したいがためであった。旅人にはこの春に登詣した時の感激がまだ胸の奥にしびれるように残っていた。旅人の背には妻から託された供養の単衣《ひとえぎぬ》がしっかりと結わえられていた。これからの暑さに向かい、聖人のお召し物を気づかって、妻が一針〳〵心を込めて縫い上げた夏物の衣類であった。

国府入道《こうにゅうどう》の姿をみとめられた日蓮聖人は、どのような感慨を込めて入道を迎え庵室に招き入れられたであろうか。佐渡国で、命がけの給仕をしてくれた国府入道が、二度にわたってこの甲斐国身延山まではるばる訪れてくれたのである。入道に対面された聖人の顔面もまた涙に濡れていたにちがいない。

入道の労をねぎらわれた聖人は、帰途につく入道に、その妻国府尼宛に次のような礼状を託された。


(前略)尼ごぜん並びに入道殿は彼の国に有る時は人めをそれて夜中に食ををくり、或時は国のせめをもはばからず、身にもかかわらんとせし人々なり。さればつらかりし国なれども、そりたるかみをうしろへひかれ、すすむあしもかへりぞかし。いかなる過去のえんにてやありけんと、をぼつかなかりしに、又いつしかこれまでさしも大事なるわが夫を御つかいにてつかはされて候。ゆめかまぼろしか、尼ごぜんの御すがたをばみまいらせ候はねども、心をばこれにとこそをぼへ候へ。日蓮こいしくをはせば、常に出る日、ゆうべにいづる月ををがませ給へ。いつとなく日月にかげをうかぶる身なり。又後生には霊山浄土にまいりあひまひらせん。南無妙法蓮華経、南無妙法蓮華経。

文永八年（一二七一）九月十二日、鎌倉にて幕府に捕えられた日蓮聖人は、侍所所司平頼綱等の策謀によって竜口にてあやうく斬首されかけたものの、からくも虎口を脱し、公式の罪名通り佐渡国へ流罪となった。相模国依智から越後国寺泊を経由して、十月十八日、佐渡に着かれた聖人は、文永十一年（一二七四）三月十三日、赦免により佐渡を後にされるまでの二年半にわたって、流人としての生活をおくられた。死と直面した厳しい生活環境の中で、聖人は、法華経に生きる行者としての使命と自覚を表明した『開目抄』や、法華経による末法の救いを論証した教義書『観心本尊抄』を著わすなど、きわめて張りつめた日々をおくられたのである。

そのような聖人を支えたのは、佐渡国の新しい檀越達であった。国府入道夫妻は同心の阿仏房夫妻等とともに、夜中に食糧を届けるなど、身命をかえりみず、献身的な給仕をして、聖人の生命を守った。その深い恩を聖人は決して忘れることはなかった。ことに敵対視され疎外された佐渡の生活の中で、生命をかけて給仕の誠を尽して頂いたことは、聖人にとって父母にも勝る大恩人であった。

わざわざ夫を身延まで遣わし、単衣の供養を捧げた国府尼に対し、聖人は「ゆめかまぼろしか」と感激し「尼御前の姿を見なくとも、尼御前の心がここにいらっしゃる」と、その厚い志に深く感謝されたのである。

国府入道夫妻は子供もなく、日蓮聖人に出会ってからは、一途に法華経信仰の世界に埋没していったようである。聖人佐渡在島わずか二年半の間に、生命を捨てるまでの深い信仰の境地に達し、文永十一年（一二七四）、聖人が佐渡流罪赦免となり、やがて鎌倉から身延に入山されたと聞くや、翌文永十二年（一二七五、建治元年）四月には早速に夫の入道が聖人のもとを訪ねたのである。以来、国府入道の身延登詣は数度に及び、このたびの登詣は、資料的に確認されるものとしては二度目にあたっている。

さらに弘安元年（一二七八）にも国府入道は身延への登詣を志した。ところが同心の阿仏房と途中まで来たものの、早稲の時期に入ったので引き返さざるを得なくなった。このことを同道の阿仏房は、国府入道夫妻に子供がない為と聖人に報告している（『千日尼御前御返事』）。

弘安三年（一二八〇）、国府尼の死去が聖人のもとに伝えられた。聖人はこれを伝えた阿仏房夫妻に、「こう入道殿の尼ごぜんの事、なげき入て候、又こいしこいしと申しつたへさせ給へ」と伝言を依頼された（『千日尼御返事』）。

国府尼は文永十一年に聖人と別れてから後、一度も聖人に対面することはなかった。しかし、数度にわたって身延に詣でた夫の会話や聖人からの書簡を通して、一層深い安心《あんじん》の境地に達していったことであろう。聖人の教えに導かれて、国府尼は安祥《あんじょう》として霊山浄土におもむいたのである。その精霊《しょうりょう》にむかって聖人は、あたかもありし日の国府尼に対するかのように「こいしこいし」と語りかけられているのである。

聖人の書簡を拝すると、その一節一節に聖人の豊かな人間性が表出されていて私達の心をうつ。聖人に出会った人々は、そんな聖人の暖かい心にひかれ、吸い込まれるように帰依の志を抱いていったのではないだろうか。

（『妙蓮華』第二〇号　昭和五九年七月）

四　生命《いのち》のきずな

一　プロローグ

「お父さん、お帰りなさい」。保母さんは私を見上げて言った。保育園の狭い庭に夕闇が迫り、昼間の喧噪《けんそう》がうそのようにあたり一面が静まりかえっている。唯一人居残りをしてくれた保母さんは、板敷の床にすわりこみ、幼い私の子供を膝の上に抱いて、なにかお話でもしてくれていたようだった。

当時、私は大学院の学生で研究室の手伝いをし、妻は大学の図書館に勤めていた。普段は勤務を終えた妻が帰宅途中に子供を保育園に迎えに行くが、帰りが遅くなる時は私が行くこともあった。ところが二人共遅くなる時は途方にくれた。時には保育園に無理をお願いして遅い時間に迎えに行かざるをえないこともあった。生後四十三日目から保育園に入れられたわが子は、なにもわからずただ目をくりくり動かすばかりだった。

薄暗い部屋でたった一人保母さんに抱かれているわが子をみた時、私はしみじみと子供にすまないと思った。私が家族に対する責任を自覚するようになったのはこの頃であったかもしれない。

日蓮聖人は、自分が生まれ育った家庭や家族のことについては、ほとんどお書きになっていない。そんな日蓮聖人が、弟子・檀越の家庭の問題については、いたれりつくせりの心使いで遺文の各所に教示されている。

日蓮聖人は弟子・檀越の一人ひとりを個性的人格としてとらえ、快して十把一絡《じゅっぱひとからげ》的な対応ですまされることはなかった。したがって、弟子・檀越の一人ひとりを知るためには、それぞれの人びとが生活しているあらゆる情況を適確に把握し、それぞれに個別的な対応をしていかれたのである。

「人間を知る」とは、その人の立場に立つことであろう。日蓮聖人は常に対話の相手の中に自分の心を置いて接していかれた。日蓮聖人に触れた人びとは、そんな聖人の人間的な魅力に引きつけられ、法華経に帰依していったのではないだろうか。」

二　家庭のきずな―南条家―

南条氏は、はじめ伊豆国南条に住んでいたが、後に駿河国富士郡上野郷に移った。家族は念仏の教えに帰依していたが、頭首南条兵衛七郎は鎌倉で日蓮聖人の教化を受け、法華経信仰に心を寄せるようになった。ところが文永元年（一二六四）兵衛七郎は重い病に冒され、明日をも知れぬ身の上となってしまった。生死の境をさまよいながら、兵衛七郎は日蓮聖人の教えにすがった。聖人が兵衛七郎の必死の祈りに応《こた》えられたのが同年十二月十三日付の『南条兵衛七郎殿御書』である。聖人は、念仏に心が揺れる兵衛七郎を厳しく誡め、法華経信仰の堅持を勧奨された。死は人の世の定めであるから後世《ごせ》を思い定め、本師釈尊の教えに帰依して南無妙法蓮華経と唱えよと、聖人は臨終にちかい兵衛七郎に強い筆勢で教諭されている。

翌文永二年頃、兵衛七郎は妻子をのこして霊山浄土へ旅発った。この時、兵衛七郎の妻は懐妊中、遺児時光は幼ない子どもであった。夫を亡くしてからの南条家の生活が、どのようなものであったかは想像に難くない。加えて、父の死後まもなく生まれた時光の弟七郎五郎は、弘安三年（一二八〇）わずか十六歳で夭折したのである。

兵衛七郎没後の南条家をきりまわしたのは、当然、兵衛七郎の妻であった。彼女は夫の死後、尼となり、夫の菩提を弔うとともに子どもの養育に精励した。そのような母尼を支えたのは日蓮聖人の慈愛のこもった励ましのお言葉であったことは言うまでもない。

文永十一年（一二七四）、成長した時光は供養の品じなを携えて、身延の日蓮聖人を訪ねた。父兵衛七郎が没して満九年が経過していた。法華経の信心篤い母に訓育された時光は、父にも劣らぬ南条家の後継者として成長し、若いながらも深い信仰の境地に達していた。

突然あらわれた南条兵衛七郎の忘形見、時光を面前にして日蓮聖人は驚きとともに深い感動を覚え、しばし涙にむせばれた。身延に入山して二カ月、心寂しい日々を送られていた聖人にとって、時光の登詣は久びさの心のなぐさめであったが、それ以上に、南条親子の二代わたる確かな信仰の歩みに、聖人は深い感銘を受けられたのである。

こうして、故聖霊（兵衛七郎）・母尼・時光・時光の妻などをめぐる、聖人の南条家の人びとに対する新な教導が開始されたのである。

故親父は武士なりしかども、あながちに法華経を尊み給ひしかば、臨終正念《しょうねん》なりけるよしうけ給はりき。其親の跡をつがせ給ひて、又此経を御信用あれば、故聖霊いかに草のかげにても喜びおぼすらん。あわれいきてをはさば、いかにうれしかるべき。

（上野殿御返事＝文永十一年十一月十一日）

日蓮聖人は、親子の深い法華経信仰を媒介とした家族の結びつきを切せつと南条親子に説かれている。亡父は過去の人ではなく、現在の家族とともに生きる一人の個性的存在として位置づけられ、その故聖霊が、家族を見守り、家族を励まし、家族とともに喜怒哀楽すると説くことによって、聖人は南条家の人びとに生きる力と喜びをわき立たせるのであった。亡父兵衛七郎からその妻、そして子息の時光とその妻へと、南条家には日蓮聖人の教えの輪が広がっていった。

三　夫婦のきずな—阿仏房夫妻—

阿仏房は、承久の乱で配流された順徳上皇に仕えて佐渡におもむいた北面の武士で、上皇崩御の後は出家し、上皇の菩提を弔《とむら》っていた念仏信仰者であった。文永八年（一二七一）、日蓮聖人が佐渡へ配流されるや、念仏の敵とばかりに聖人の命《いのち》をねらったが、逆に聖人の教化を受け、たちまちに信仰を改め、熱心な法華経の信仰者となった。
阿仏房は妻の千日尼とともに、身命をかえりみず夜中に食を届けるなど、献身的に聖人に給仕の誠を捧げた。聖人が赦免となって佐渡を離れた後も、阿仏房は聖人を慕い、高齢をおして身延山に詣でた。阿仏房は晩年に出家し、没後は子息の藤九郎守綱が父の遺志を継いで身延山に登詣し、亡父の遺骨を納めた。

故阿仏房一人を寂光の浄土に入れ給はずば諸仏は大苦に堕ち給ふべし。……さては、をとこははしら（柱）のごとし、女はなかわ（桁）のごとし。をとこは足のごとし、女人は身のごとし。をとこは羽のごとし、女はみ（身）のごとし。
（千日尼御返事＝弘安三年七月二日）

阿仏房は文永十一年（一二七四）、建治元年（一二七五）、弘安元年（一二七八）の三度にわたって身延の聖人のもとを訪れた。弘安元年、阿仏房はすでに九十歳だったという。おそらく死を決しての身延登詣であったことは推測に難くない。しかも、身延への旅発ちは阿仏房一人の決断によるものではなかった。当の阿仏房にもまして妻千日尼は日蓮聖人の教えに深い帰依の心を寄せていた。阿仏房の信仰の背景には常に妻千日尼の姿があった。日蓮聖人はそんな阿仏房夫妻の強い信仰のきずなを読みとっておられたにちがいない。阿仏房入寂の翌年、聖人が千日尼に送られた書簡には、夫妻の強いきずなをうたいあげ、夫阿仏房の成仏の確証をくり返し筆にされている。「流人《るにん》日蓮に値《あ》ひて法華経を持《たも》ち、去年《こぞ》の春仏になりぬ」の文面を拝した千日尼は、どんなにか安堵《あんど》し、霊山浄土で釈尊に面奉しているわが夫を、なつかしく、かつまた頼もしく想いやったことであろう。しかも聖人は、阿仏房の成仏が死者阿仏房一人の世界ではなく、妻千日尼とともなる世界であることを教諭されている。柱と桁、足と身、羽と身に譬えて、夫婦が一体であることを教え、阿仏房の成仏はとりも直さず千日尼の成仏であることを説き示されたのである。

四　親子のきずな―光日尼親子―

光日尼親子は安房国天津《あわのくにあまつ》の生まれで、日蓮聖人とは旧知の間柄であったと考えられている。光日尼の子弥四郎は武士で、聖人の法筵にしばしば列して法門に強い関心をいだき、使いの者に書状をもたせ、聖人の教導を仰いだ。その後、弥四郎は心中の悩みを聖人にうちあけ、さらに母を信徒の一人に加えて頂くよう懇願した。

弥四郎の悩みとは、主命を帯びて戦場に臨《のぞ》むゆえに、後生《ごしょう》の安穏とやもめの母をのこして先立つかもしれない不幸についての導きを得ることであった。聖人は親子の別離の悲しみを共に歎き、弥四郎に法華経信仰の堅持を勧められた。

弥四郎の導きで日蓮聖人の教えに浴するようになった光日尼は、建治二年（一二七六）三月、聖人のもとに子息弥四郎の死を告げる書面を送った。これを受けて聖人は、弥四郎との出会いを語り、親子の心の結びつきが生と死を越えて永遠不滅であることを法華信仰の中に語り明かし、光日尼を慰められた。

をやこのわかれにも、をやはゆきて子はとどまるは、同じ無常なれどもことはりにもや。をひたるはわ（母）はとどまりて、わかき子のさきにたつなさけなき事なれば、神も仏もうらめしや。

（光日房御書＝建治二年三月）

親子の別離ほど悲しいものはない。まして子を先立たせた親の悲しみは言語に絶する。聖人はそんな光日尼の心情を察して共に悲しみの淵に佇立された。まして、光日尼には、弥四郎が武士ゆえに罪業が深いという歎きが重っていた。そんな光日尼に対し、聖人は、母が昼夜に法華経の御宝前で菩提を弔い、かつまた弥四郎自身も法華経を信じ、親をも導く身である以上、悪業もたちまち消滅すると、光日尼を慰められたのである。

弘安四年（一二八一）八月八日、日蓮聖人は重い病いの身でありながら、光日尼にあてて十一紙にわたる書簡をしたためられた。このなかで聖人は故弥四郎と共に光日尼もまた霊山浄土へ参ることができると明言されている。二人の霊山往詣は、親子の個人的な信仰によるものではなく、法華経の信仰を媒介とした親子の深い心のきずなが、生と死を越えて霊山浄土への往詣と法華経釈尊に抱かれた永遠不滅の生命を実現したのである。

光日上人は子を思ふあまりに、法華経の行者と成り給ふ。母と子と倶《とも》に霊山浄土へ参り給ふべし。其時御対面いかにうれしかるべき。いかにうれしかるべき。

(光日上人御返事＝弘安四年八月八日)

五　エピローグ

一枚のペィパーテストで人間がふるいにかけられる現代の社会では、知識が優先し、利益の獲得のみが価値判断の基準とされる。知識が豊富であることは必ずしも知恵があるという意味ではなく、利益は必ずしも正義ではない。

日蓮聖人が生涯一貫して語り続けられた人間のあり方とは「他を思いやる心」であった。日蓮聖人に触れた人びとは、心から自分に語りかけて下さる聖人に魅了され、共感・

共鳴して、聖人とともに生きようとした。そんな生き方が法華経の信仰であり、そんな心で生きようとする人びとはすべて法華経ファミリーの一員である。心の輪を広げよう。親子・きょうだい・友達・知人、そしてすべての人びと、宇宙のすべて、共に認めあい、共に思いあい、共に手をとりあって生きる、うれしくてやさしい世界を造りあげよう。すべてのものは生命《いのち》のきずなで結ばれているのだから。

（『正法』第三二号　昭和五九年九月一日）

第三章　信仰の手びき—日蓮聖人の教え—

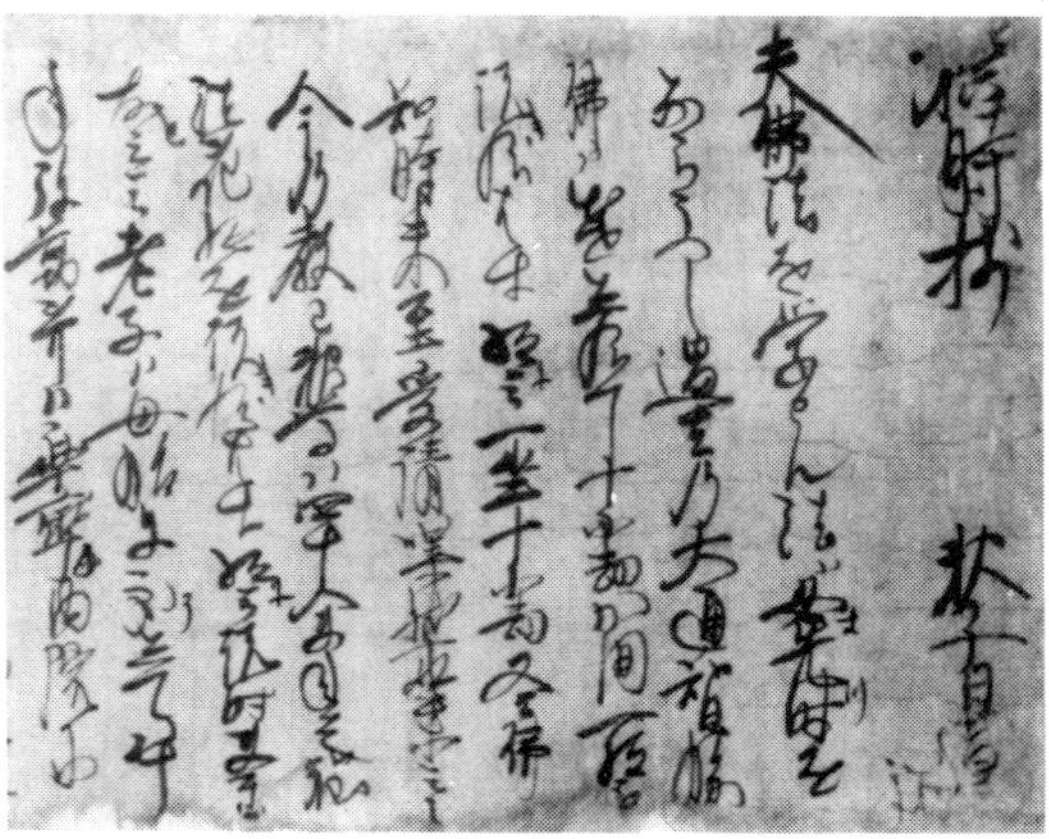

一　日蓮聖人と法華経

㈠　日蓮教学とは何か

1　日蓮教学の概念

私どもが信仰の対象とするものは日蓮聖人がご覧になった法華経です。日蓮聖人がどのように法華経をご覧になったかということは、私どもが日蓮聖人をどのようにとらえるかということにかかってきます。

このようなことについての勉強を日蓮教学、あるいは宗学と言います。そこでまず最初に日蓮教学とは何か、宗学とはどのようなものかということについて申し述べておきます。

日蓮教学あるいは宗学ということについて、まず第一に思い浮かべることは、日蓮聖人について、あるいは日蓮宗についての勉強であるということです。それからもっと広い意味では、日蓮系諸教団の教学であるということにもなりましょう。また、学問的な分野で考えると日蓮聖人の門下の教学、これを教学史と言いますが、こういうものも含める場合もあります。それに一般的に言う仏教学の中での日蓮教学という位置づけもあります。

この仏教学という研究分野は釈尊の思想内容あるいは経典についての研究、釈尊の生涯、釈尊滅後の仏教々団の展開など非常に広い範囲にわたって、学問として客観的な研究がなされている訳であります。客観的な立場で誰が見ても理解できるという研究でないと学問とは言えません。

ところが、このような客観性を基盤とした学問である仏教学に対して日蓮教学、宗学というものは信仰という極めて強い主観的要素を含んでいるという大前提にたって研究されなければなりません。それは例えば自然科学などの学問のように、客観的な真理の追究ではなく、追究する対象、すなわち信仰の対象が自己と深く関わらざるを得ず、ついには対象の中に入り込み、対象を自己のものとするからです。これは日蓮宗にかぎらず他の教団にも同じようなことが言えます。宗教を学んだり宗教の世界に入ったりすると、社会の中での倫理的なものが培われると言いますが、私達宗教を勉強している者にとって、宗教は倫理を超《こ》えたものだ、倫理を包括したものだというふうに見ています。倫理を超えるということは、宗教が知識ではなくて、人格そのものとなるということです。知識としての宗教というものはありえない訳で、信仰する人がその信仰の対象となるものを自己のものとし、自分がそのものとなって日常生活を送っていかなければなりません。自分が信仰の対象そのものとなるということは、仏さまの教えのとおりに生きるということであります。

私達が生きている、生存していることについて、日蓮教学・仏さまの教えというものはどのように関わってくるのでしょうか。

人間は生きている以上、言うまでもなく有意義ですばらしい人生を送りたいと思うでありましょう。そのためにはどうしたらよいのかということになると、自分は一体何のために生まれてきたのか、そしてこの社会の中で自分はどういう役割を担っているのだろうか、自分は何をなすべきか、という社会的使命、生存の意義を考えざるを得ないでありましょう。そこで宗教的な思考になると、私達が生きているという、生かされているという世界、すなわち仏さまの世界というものを考えていく。しかしその前提、その糸口としてまず考えることは、やはり真理の追究ということでしょう。真理という対象に対して自己が問いかけをし、その真理というものを自己が背負って生きていけるかという、真理と自己との対話について考えます。

このように真に生きるということは真理、つまり仏さまの世界が自己と深く関わっている訳であります。仏さまのおぼしめしの中で自分が生きているということが認識されたら、そこから自分の有意義な人生が開けていくのではないでしょうか。

宗学の〝宗〟（ムネ）の字は「大変重要である」という意味があります。法華経を序分・正宗分・流通分と分けた場合に、正宗分というのは大変大切な部分ということになる訳です。大切なもの、すべてに優先するものが宗学であるということです。

宗学ということが仏さまと自己との対話であれば、そこはかなり抽象的あるいは主観的にならざるを得ません。宗学では、学問の対象すなわち日蓮聖人の教えが自己のものとなるべきでありますから、それを単純には対象化し得ない訳です。すなわち自己が日蓮聖人の教えを蒙むって同一化していく、それによって自己が動かされていく、生き方を左右される、こういう世界でありますので、宗学というものがどうしても主観的で個人的なものになりやすい訳です。

しかしながら、宗学に〝学〟（マナブ）という字があります。この学の字は極めて客観的な要素をもつものです。宗学の〝宗〟という字の持つ意味は信仰を第一義とした主観的なものの上にたち、これに相対する意味を持つ「学」として宗学を成り立たせるには、主観的なものを客観的に表現していくということが課題となります。

いままで申し述べましたような点を御理解いただいた上で、お話を進めさせていただきますが、この「日蓮聖人と法華経」という話は、以上のような意味から庵谷個人の信仰であると、庵谷はこういうふうにとらえているのだなと御覧いただけばよいのであります。

2 日蓮教学と自己

日蓮聖人は法華経を自己とされ、法華経の声を釈尊の本意、真意と受けとられた。法華経の声によって自己の生き方をお考えになった。釈尊の御在世に生まれ合わせた方々は釈尊のお声を聞くことができたが、私達、釈尊滅後の人間はそのお声を耳で聞くことはできません。法華経を媒介として、未来永劫に亘って発しておられる釈尊のお声を、耳で聞くのではなく、信心で聞かなければなりません。

時間とか空間を乗りこえて、いつの時代、どこにいても仏さまの声が私共をつつんでいる。その仏さまの声を私共がいかに受けとめるか。日蓮聖人は、法華経こそが末法の人々を救済する最も大切な教えである、とお聞きになりました。法華経の中に自分が入り、そして法華経を背負って出ていく、つまり法華経を命としていく人間、こういうところに日蓮聖人の目指された世界がありました。

法華経を命として生きていくということはどういう事か。社会の中において法華経の精神で生きていく、これは菩薩行です。この菩薩と言われる方は、他人様のためになる、他人様の役に立てるという、いわゆる利他の行を本分としている方です。対して、よく二乗根性という言葉が使われます。二乗は自分のことばかり考えて生きている自利行を本分とする人達です。菩薩道の実践とは、法華経を命とし、法華経を背負って、他人様の役に立つ人間になろうと努力することです。このように社会の一人一人が法華経を命として生き、釈尊のお声が社会の中に大きく反映されれば理想的な社会が実現されるでしょう。

3　日蓮教学と現代

このようなことから、日蓮教学というものをただ単に学問としてだけ追究し、あるいは頭の中で考えていただけでは本当の生きた宗教とは言えません。現実の社会を直視して、この社会をいかに平和に導びくかということのために、菩薩の心という基本理念、菩薩の精神に立って実践していかなければなりません。

今こそ人間の精神というものを真剣に考えなくてはいけないのではないでしょうか。現代は、便利さだけに偏重した物質優先の社会であり、精神的な文化というものがなおざりにされています。いかに便利な世の中になろうと、それによって人間が本当に幸せになれるとはかぎりません。この精神的なものを取りもどすにはどうしても宗教が先頭に立たなくてはなりません。その基本となるのが菩薩の思想です。そういう重要な役割を担うべき宗教が、はたして現代社会において現実にはどのような役割を担っているのでしょうか。一般の人達は宗教をどのように見ているのでしょうか。宗教というものが現代社会から遊離しているように思われてなりません。

日蓮聖人の宗教は都市型の宗教、行動的な宗教と言われています。それは日蓮聖人の宗教が、願を発し誓いを立てて、我が身をも顧みず実践していかれたという菩薩行の姿勢に由来するものでありましょう。『立正安国論』の上呈に代表される実践的な宗教姿勢は、日蓮聖人が社会の動きを敏感に受けとめ、我が身をも顧みず国家社会の平和を目指されたという極めて社会性の強い部分からくるものです。

菩薩道の出発点は願にあります。法華経の教え、すなわち釈尊の本意を弘めようとすると迫害を被むる。弘教を怠ると法華経の教えに背くことになる。このようなジレンマに立った日蓮聖人は、迫害を恐れることなく我が身を捨てて人々の為に、あるいは国家の為にと法華経弘通の決断をされました。

このような日蓮聖人の門下である我々は、現代社会をよく見極めた上で布教をしなければなりません。社会は個人個人の集まりです。その個人個人が菩薩としての自覚をもった時に、社会の平和は実現するでしょう。

㈡ 日蓮聖人の思想系譜

1 法華思想の伝承

日蓮聖人はどのように本化の教学を樹立されたのか。日蓮聖人は天台沙門としてお立ちになったのであり、天台教学という基盤が重要な要素になっています。日蓮聖人の思想の系譜ということになると、当然釈尊と法華経、天台大師の法華経、伝教大師の法華経ということを考えなければなりません。我々が天台教学というものを考える場合、どうしても日蓮聖人の目で通された天台大師の、あるいは伝教大師の法華経ということになります。それは宗学というもののあるべきあり様です。日蓮聖人をはなれ客観的な立場から天台教学を見ても、それは学問だけでしかなく日蓮聖人の信仰とは結びつきません。

宗学には、内相承と外相承という見方があります。

まず、内相承とは釈尊から上行菩薩へという系譜です。釈尊の思召しを本化地涌の大菩薩が付嘱を受けて、末法の今日、人々に弘めていかれる、法華経の利益を授けていかれる。

神力品の中のこのような釈尊と菩薩の誓言・付嘱の世界に、日蓮聖人は我こそが釈尊の御命令を受けて末法の人々に法華経を弘めるべき使命を荷った者である、という地涌の菩薩の自覚をお持ちになった。すなわち日蓮聖人の内証の世界です。

対して外相承は、釈尊↓天台↓伝教↓日蓮という系譜です。これを「三国四師」と言います。すなわち、インド・中国・日本の三国に四人の法華経の師がおられたということです。

釈尊入滅後、経典が中国にもたらされて漢訳仏教が出来てきた。時代が流れていくうちに、数多い釈尊の教え(経典)がランクづけされるようになった。ところが法華経を首位に位置づける学者はいない。そういう中で、天台大師が世に出られ、法華経こそ釈尊の本意であると法華経を顕彰された。天台大師は釈尊の本意を初めて世に顕彰された方である、と日蓮聖人はその功績を称讃されています。

天台大師のお立てになった法華最第一の教学、これを天台教学といいます。

この天台教学を基盤とする法華一乗仏教が日本に入ってきて日本の天台宗が開かれました。ところが法華経を根本所依とする伝教大師最澄の一乗仏教がやがて比叡山で密教化され、密教一乗思想というものが出てきた。法華経が大日経と混同視されたり、やがては大日経の方が法華経よりも勝れているという考え方が台頭してくるようになったのです。

日蓮聖人は、法の流布は〝時〟によるとお考えになった。〝時〟という考えは日蓮聖人の宗教の重要な要素を占めています。法華経の弘まるべき時があるというのです。仏教特有の時代観として、正法・像法・末法があり、その中で、末法こそ法華経が正しく人々を利益していく時期であるというのが日蓮聖人の考え方です。天台大師・伝教大師は像法時の師であり、それが故に両大師は釈尊の本意は法華経（妙法五字七字）であると知りながらその流布を末法の時代に譲られたのです。すなわち末法の世に生きる我こそは釈尊の本意を受け継ぎ、人々を利益していくべき使命を荷った者である、と日蓮聖人はお考えになった。これが外相承です。

2　釈尊と法華経

釈尊と法華経について、釈尊が中心か法華経が中心か、法と仏の勝劣が問われることがありますが、宗学では「法仏不二」という考え方をしています。釈尊は法をお説きになった方で「能説の仏」、説かれた法華経は「所説の法」であるから法と仏は一体となるべきものであります。

日蓮聖人は、釈尊は我々にとって主人であり師であり親である、つまり主師親の三徳具備の方であるとおっしゃっている。主人というのは我々をお護り下さる、師は導びいて下さる、親とは愛情、慈愛の目でみつめ、その腕の中で我々をいだいて下さるということです。釈尊はこのことを譬諭品に「今此三界　皆是我有　其中衆生　悉是吾子　而今此処多諸患難　唯我一人　能為救護」とお説きになっている。この三つの徳が共にそなわっているのは釈尊だけで、他の仏様にはない。ここに釈尊を我々が本尊と仰ぐ由縁がありま す。そしてこの三徳が日蓮聖人の釈尊観の重要なポイントになっています。

さらに大切なことは「下種論」ということです。釈尊は久遠の昔、我々に仏になる種を下さっている。これは「結縁」、いわゆる釈尊が我々と深い縁を結んでいるということであって、我々が釈尊によってのみ救われるということの裏付けです。また化城諭品には、この娑婆世界に御縁のある仏さま（娑婆有縁の仏）と説かれた箇所があることなどから、釈尊は我々にとって最も大切な仏さまであるということがわかります。

法華経は二十八品から成っています。前半の十四品を迹門、後半の十四品を本門と言っています。この本門・迹門という分科のしかたは、法華経がインドから中国に将来され、羅什によって翻訳されたその直後、羅什の門下によってたてられたと言われています。そもそも、この本門・迹門という言葉は、本地門・垂迹門ということでありますから、仏身論、つまり仏さまの立場からくる分けかたです。

迹門は序品第一から安楽行品第十四までです。その中で、序品を序分、方便品から授学無学人記品までを正宗分、法師品から安楽行品までを流通分と分けてあります。その中心、すなわち説法の最も重要なところである正宗分では「開三顕一」が説かれている。「三乗を開し、一乗を顕わす」。釈尊が今までお説きになったたくさんの教えは、法華経の一乗の教えに入らしめんがための方便であったと、一仏乗という釈尊の悟りの世界を顕わされた。このようなことが迹門の中心テーマとなっています。

次に本門は、従地涌出品の前半が序分、その後半から分別功徳品の前半までが正宗分、そしてその後半から最後の勧発品までを流通分としています。その中心となる正宗分では「開近顕遠」が説かれています。すなわち、「近成を開し遠成を顕わす」。久遠実成と言われるこの所は、仏さまは久遠の昔に成道し、久遠の命をもって人々を教益していかれるという、仏さまの慈悲の世界、救いの世界が説かれています。ということは、我々も、先祖も、子孫もすべて永遠の命をもった仏さまによって教われるという、我々に直接かかわってくることがらが説かれているのです。

3　天台大師と法華経

天台大師の法華経というものを日蓮聖人はどうご覧になったか。

天台大師は、迹門と本門に、序分・正宗分・流通分を立てる「二門六段」という科文をお立てになった。同時に「一経三段」という科文もお立てになった。すなわち、序品を序分とし、方便品から分別功徳品の前半までを正宗分、その後半から勧発品までを流通分とする三段分科です。天台大師はこの一経三段という立場で法華経をご覧になった。二門六段においての本迹という一応の分別はあるが、釈尊のお心としては一つのものとして拝すべきである、というのが天台大師の基本的な法華経の見方です。このようなことから、天台大師の法華経は迹門に立脚したものであると言われます。迹門は仏さまの悟りの内容をお説きになっていることから、仏さまの智慧の世界と言えます。我々もまた仏さまに救われるという可能性を秘めている世界です。日蓮聖人はこれを「九界所具の仏界」という言葉で表わされています。これは、地獄から菩薩までの九界の中に仏界があるということで、我々の中にも仏さまがいらっしゃる、我々もまた仏になれる可能性があるということをおっしゃっているのです。

古来より「天台三大部」と称する天台大師の書物があります。法華経の概論書といえる『法華玄義』、法華経を一々文々に解説してある『法華文句』、そして天台大師の最も内観的な世界である観心を説かれている『摩訶止観』です。この中に天台大師は五時八教の教相判釈を立て、法華最勝を論証し、自らの法華経観を表明されています。「天台大師は教門に於いては五時八教、観門に於いては一念三千」と日蓮聖人はおっしゃっています。天台大師の一念三千は迹門に立脚したものであり、日蓮聖人はこの一念三千を基盤として本門寿量品の中に事の一念三千をみられた訳です。

4 伝教大師と法華経

次に伝教大師について述べると、弘法大師が留学生《るがくしょう》として入唐されたのに対し、伝教大師は還学生《げんがくしょう》として同時に唐に渡られた。そして、伝教大師は円・禅・戒・密の四宗を相承され、法華一乗の仏教を比叡山に建立された訳です。日蓮聖人はこのように、伝教大師という方は日本に法華一乗の仏教を興隆され、大乗円頓戒壇を建立されたという功績を極めて重要視され、法華思想史上に位置づけられました。

円・禅・戒・密（教）ということについてみると、伝教大師はあくまでも法華一乗が中心であり、その法華一乗を顕彰するために密を相承された。ところが時代が下るにつれて、比叡山は法華経よりも大日経の方が勝れているという密教化が進み、密教中心的な気風が起こってきた。このようなことに対して日蓮聖人は、伝教大師のお心をふみにじるものだとして痛烈に批判されたのです。このようなことから純粋な法華経信仰をこの末法において受け継ぐ者は私の他にはない、という自覚の中で三国四師と言われる相承をおたてになった。こうして日蓮聖人の教学というものが樹立されたのです。

㈢ 日蓮聖人の法華経観

1 日蓮聖人の法華経受容の特色

日蓮聖人が自らを「法華経の行者」と称されることはどこからきたのでしょうか。

前述の通り日蓮聖人の教学の中では〝時〟ということが最も重要視されています。法華経の流布は〝時〟ということと深いかかわりをもっているのです。釈尊が入滅されてから、正法千年、像法千年、この二千年が過ぎた後末法に入る。この末法こそが法華経の教えによって救われるべき時です。法華経が妙法蓮華経五字七字として人々を利益する時です。この時こそ法華経を弘むべき人が出現し、人々に語りかけていかなければなりません。その弘まるべき教えとはすなわち、本門の法華経です。このように末法という〝時〟を深く認識し、日蓮聖人は行者としての自覚をもたれたのです。

この末法ということについて、親鸞聖人は、自己をつきつめていくと、末法という時代に生きる我々人間になすべき術《すべ》は何もなく、のこされたものと言えば、弥陀の本願にすがるしかない、つまり絶対他力しかないというふうにお考えになった。

日蓮聖人も「日蓮をもって正となす」と同じようなことをおっしゃっている。それは親鸞聖人が、弥陀の本願というものは私一人を救うためにある、という言い方をされたのと同じように、日蓮聖人も、私こそ仏さまの思召しで救われなくてはならない、とおっしゃっているのです。

こういう究極的なものの考え方は末法という時代観が大きな要素を占めています。末法という時代は正しい教えが弘まらず、人々は利益を被むることができない。こういう末法の時代にあって、いかに末法を克服するかが鎌倉仏教の共通した課題であったと言えます。

その中で日蓮聖人は、『立正安国論』の上呈ということによって、そういう社会の克服を提言された訳です。日蓮聖人は法華経の色読、つまり多くの法難を被むりながら、その法難を法華経の中に会通していかれた。そして、その法難を通して自己を法華経の中に位置づけていかれたのです。このような活動的な面が日蓮聖人の宗教の重要な要素となっています。このような基盤にたち、社会の状況を自己の信念に敏感に反映させ、宗教活動を行われたのが日蓮聖人の法華経の実践です。

日蓮聖人は、法華経を末法に弘めていく方法として「法華経を逆次に読む」と言われた。つまり、普通、序品・方便品と読んでいくが、逆に読みなさいと、流通分の心をもって法華経を拝読しなければならないとおっしゃっている。このように日蓮聖人は法華経を今日的な課題の中で主体的に受けとめていかれたのであります。

2　法華経の分科

法華経をどのように見るかということについて、古来より科文が立てられています。天台大師のたてられた二門六段・一経三段という科文は日蓮聖人も容認され、特にこの二門六段という科文は御自身もお使いになっています。さらに、それに加えて日蓮聖人が独自な科文をおたてになった。それをも含めて四種三段といっている四種類の三段分科があります。

最初は一代三段。この一代は釈尊の生誕から入涅槃までの御一代であり、この御一代のすべての説法を三つに分けたものです。すなわち法華経を説かんがために釈尊は御一代にわたって説法をくりかえされたということから、初転法輪から法華三部経の直前に至るまでの爾前経を序分とし、法華三部経を正宗分とし、涅槃経を流通分とします。

この法華三部経を最も中心とする考え方がさらに深まって、次の一経三段（十巻三段）へと進んでいきます。

第二は一経三段です。天台大師の一経三段と日蓮聖人の一経三段は少し異なっています。天台大師のそれは、妙法蓮華経二十八品においての三段ですが、日蓮聖人のそれは法華三部経（無量義経一巻・妙法蓮華経八巻・普賢経一巻、計法華十巻）を三つに分けられた十巻三段です。開経の無量義経と法華経序品を序分とし、方便品から分別功徳品の前半までを正宗分、分別功徳品の後半から普賢菩薩勧発品までと結経の普賢経までを流通分とされています。この分科に開・結二経が入っているのは、法華経十巻という言い方をされるように、日蓮聖人は開・結二経をふくめて法華経というふうにご覧になっているのです。

第三は二門六段。これは前出の通りで、迹門三段と本門三段です。

最後は、本門三段という言い方もありますが、二門六段の中にも本門三段があり、まぎらわしい為に言葉をかえて、本法三段・観心三段・法界三段・文底三段などと言ったりされています。これはその言葉からもわかるように日蓮聖人の宗教の本法、根本の教えを表明された分科です。

序分に十方三世諸仏の微塵の経々とお書きになっている。十方というのは空間的な広がり、三世というのは、過去・現在・未来という時の流れ、すなわち空間的にも時間的にも、一切の仏の一切の教えは序分である。そして正宗分が寿量（一品二半）であると。一切の教えは寿量の序分であるというのです。この場合の寿量というのは法華経各品の中の一つの寿量品ということではなく、「内証の寿量品」といったり「文底の寿量品」というような言い方をされる寿量品です。一品二半とは、本門三段の中で最も中心となる正宗分、すなわち従地涌出品の後半から如来寿量品、そして分別功徳品の前半のことです。しかし寿量品の一品にこの二半を加えたもの、これをあえて寿量品とおっしゃったのは、寿量品は釈尊の御本意、釈尊の御内証を余すことなく説き表わされた所であるからです。

流通分については何もお書きになっていない。それについてある先生は、これは本化の化導であるとおっしゃった。本化の化導というのは日蓮聖人の本化《ほんげ》の大士《だいじ》としての弘通のお姿、これこそがまさしく流通分だと見られたわけです。しかし、この意見には異論が出ています。それは、法を論じてきた流れの中に忽然として日蓮聖人という人《にん》が論じられるのはおかしいという人法不《にんぽうふ》対《たい》の批判です。最近では「流通分は南無妙法蓮華経の五字七字である。南無妙法蓮華経という正宗分を未来永劫に亘って流布せしめるということが最も重要であり、そのゆえ、日蓮聖人はあえてお書きにならなかった」という解釈がなされています。このように流通分については今後の研究の課題として残されています。

この四種三段によって日蓮聖人が法華経をどのようにご覧になったかがよくわかる。特に本法三段は日蓮聖人の宗教の最も中心となる妙法五字七字を顕証し、その五字七字によって人々が利益されるということを示された科文です。

3　法華経の説相

序品の中に「一時仏住王舎城耆闍崛山中」とあるように釈尊は耆闍崛山というお山におられた。耆闍崛山というのは霊鷲山のことです。釈尊はまずこの霊鷲山において法華経をお説きになった。そしてこの説法の会座がやがて虚空に移り、そしてまた再び霊鷲山にもどるのです。こういう法華経の説会の展開を二処三会《にしょさんね》といいます。つまり二処というのは霊鷲山（霊山）と虚空という二つの場所、三会というのは、霊山に前と後の二つがあり、つまり霊山で説いて虚空に移り、また霊山で説かれるという展開になっているからこれを三会といいます。

前霊山会は序品から法師品までで、説法の内容は開三顕一、一仏乗の思想が説かれています。

そのあと見宝塔品では、宝塔が地面から涌出して、それが虚空にかかり釈迦牟尼仏が宝塔の中にお入りになる。大衆もまた虚空に上げられ、その宝塔の中から釈尊が説法をされる。この宝塔からの説法のあいだを虚空会という。それが見宝塔品から嘱累品までです。ここでは開近顕遠が説かれ、説法の内容は如来滅後の衆生の救済です。このようなことから虚空会の説法は如来滅後の我々にとって大変重要な部分となっています。

嘱累品で付嘱が終ると、次は後霊山会に移る。薬王菩薩本事品から普賢菩薩勧発品まで。この後霊山会は釈尊の説法ではありません。各品の題に「○○菩薩○○品」とあるように菩薩が法華経の功徳を称讃されたり、法華経の行者を守護するというようなことをお説きになります。

このようなことから、虚空会が日蓮聖人の宗教の基盤となっていることがわかります。この虚空会は見宝塔品から始まっており、見宝塔品は、本迹二門で見ると迹門です。この迹門にあたる見宝塔品が大事であるということは、日蓮聖人の宗教が本迹二門における本門に立脚したというよりも、むしろ、釈尊のお心（滅後の救済）を伝えている虚空会の説法を最も重要視されているということです。これを「起顕竟の法門」と呼んでいます。次にこの起顕竟の法門について述べます。

4　法華経の大意—起顕竟の法門を中心として—

起顕竟の法門を中心として法華経の各品について触れていきます。

まず序品、ここは言わば舞台設定であって、釈尊の説法はありません。釈尊の禅定に入っておられる姿、空から華びらがおちてくるとか、釈尊が眉間の白毫から光を放たれたり、それによって色々な世界が空に映し出される、というような瑞相が説かれています。このようなことを見ていた大衆が疑問を起こし、この疑問に答えて弥勒菩薩と文殊菩薩の問答が行なわれます。弥勒菩薩は大衆を代表してその疑問を文殊菩薩に投げかけます。「このような不思議なことが起っているが一体これはどういうことか」。これに対して文殊菩薩は「これは妙法蓮華経という大法が説かれるにちがいない」と予想します。その予想が当って、いよいよ方便品の説法に入っていきます。

方便品の中の「舎利弗に告げたまわく」という所から釈尊の説法が始まる訳です。ところがこういう説法のされ方は、他の経典と少々ちがっています。というのは他の経典の場合、お弟子が釈尊に対して疑問を投げかけ、それに対して釈尊がお答えになる。これを

「随問」といい、このようにして釈尊の説法が始まっていく。それに対して法華経では、誰が質問した訳でもないのに、釈尊は安祥として三昧からお立ちになり、舎利弗に告げられた。これを「無問自説」といいます。この「無問自説」ということはよく諸経の優劣を論ずる時に持ち出されるのです。諸経は「随問」、法華経は「無問」。「随問」、すなわち相手の機根に応じて説かれた法門ということは、相手の理解できる程度の教えでしかない。対して「無問」は釈尊が自らの御本意をそのままにお説きになった法門である、ということで「無問」ということの持つ意味を重く見ているのです。

　釈尊が安祥として三昧からお立ちになって説かれたのは「諸仏の智慧は甚深無量であり、その智慧の門は難解難入である」、すなわち「大変難しくてだれにもわからないぞ」、とおっしゃった。釈尊が開口一番このようなことをおっしゃったのを聴いた大衆は大変びっくりした。釈尊は「止みなん舎利弗」といって突き放され、その難解の法とは「諸法実相」である、とお説きになった。この十如是が仏の悟りの世界です。舎利弗は大衆を代表して釈尊に説法を要請します。ここで五千の増上慢の比丘達が席を立ち、去っていく（五《ご》千起《せんき》去《こ》）が釈尊はこれを是認されます。舎利弗の重ね重ねの要請に釈尊はふたたびお説きになる。ここでお説きになるのが釈尊の出世の本懐といわれる、「一大事の因縁を以ての故に世に出現したもう」という四仏知見の文です。ところが、この四仏知見の文で開三顕一を理解したのは舎利弗、すなわち上（機）根の人だけであったのです。そこで舎利弗は、理解できない人の為に重ねて説法を要請しました。これに対して、譬諭品・信解品・薬草諭品・授記品が中（機）根の人の為に説かれていく。それでもまだ理解できない人、すなわち下（機）根の人の為に化城諭品から授学無学人記品が説かれていくのであります。この三回のくりかえしを「三周説法《さんしゅうせっぽう》」といいます。開三顕一を三回くりかえしてお説きになったのです。

譬諭品に於いては「三車火宅の誓え」、すなわち羊車・鹿車・牛車の三車を三乗とし、大白牛車を一仏乗として、三乗を開し一乗を顕わされたのです。

化城諭品に於いては、まぼろしの城を通して一仏乗を説かれた。これを「化城の譬え」と言っています。

法師品から流通分に入る訳ですが、ここから如来滅後ということが問題になってきます。日蓮聖人はなぜ「法師宝塔にこと起こり」と申されたかというと、実はここが迹門の流通分の始まりであり、滅後が問題になっているからです。如来滅後ということこそが、日蓮聖人にとって重要な問題であった訳です。

見宝塔品において虚空会の説法が次のように展開されます。地面から宝塔が涌出して空中で止まる。塔の中から「善哉善哉釈迦牟尼世尊」という多宝如来の声が聞こえてくる。それは、「釈尊がお説きになっている法華経は真実でございます」という法華経真実の証明の声です。釈尊は大衆に対して、この方は多宝如来という過去の仏さまで、法華経説法の会座には必ずやってきて、その真実を証明するという願を立てられた仏さまであると説明された。すると大衆は、ぜひその多宝如来という方を拝見したいので扉を開けて下さいと言った。多宝如来には、扉を開ける条件として分身の諸仏を集めるという深重の願があった。そこで釈尊は神通力によって三度地面をひっくり返し地面を清浄にし(三変土田《さんぺんどでん》)、分身の諸仏を呼びよせられた。このように条件が満たされ、扉が開くと、中には全身不散の舎利の多宝如来のお姿が見える。多宝如来によばれた釈尊は虚空に上がり宝塔の中に入られた。これが釈迦・多宝の二仏並坐《にぶつびょうざ》の世界です。日蓮宗の寺院で御本尊として多くまつられている二仏並坐のお姿はこのような虚空会上のお姿です。そして大衆もまた釈尊の神通力で虚空に上げられる。そこで釈尊は開口一番、「この妙法蓮華経を私が入滅した後誰が弘めるのか。今まさしくその時である。私はこの妙法蓮華経をあなた達に付嘱して、妙法蓮華経をあるべくようにあらしめたい」と大音声《だいおんじょう》を以て三回くり返された。この釈尊の三回のお言葉を、日蓮聖人は「三箇の勅宣」と言われています。

これを受けるのが勧持品です。ところが見宝塔品と勧持品の間には提婆品があります。しかしこの虚空会上におけるストーリーの中に、女人成仏・悪人成仏が説かれる提婆品が忽然と出てくるということは、どう見てもおかしいというのが多くの学者の共通した意見です。文献学的な研究によるとそれは後世の添加であろうとされます。この提婆品において、女人成仏があえて説かれなければならない裏には古代インドにおける女性蔑視の社会が伺えます。法華経はこれを克服し、一切衆生の平等という一仏乗を説いたのです。八歳の竜女の成仏、悪人提婆こそ善知識というこの二つのテーマを日蓮聖人は「二箇の諫暁」であると言われました。

勧持品では有名な「二十行の偈」が説かれ、見宝塔品をまともに受けている。見宝塔品における「この妙法蓮華経を私が入滅した後に誰れが弘めるのか、私の前で誓いなさい」という釈尊の言葉に対して、菩薩・声聞は、「どのような事があっても命を捧げて、妙法蓮華経を弘めていきます」と誓いの言葉を述べます。日蓮聖人にとってこの「二十行の偈」は最も重要な所で、自らが実際に刀杖瓦石を被むった事を、法華経色読ということが説いてあるこの勧持品に照らして、聖人は法華経予言の人としての自覚をもたれた。菩薩・声聞の大勢の人たちが誓いの言葉を述べられたにもかかわらず、釈尊はそれに対して何もお答えにならない。というのは釈尊は心の中では地涌の菩薩に付嘱するという意図があり、地涌の菩薩が涌出するのをお待ちになっていたので面前の大衆に対しては付嘱されなかったのです。ではどうして大音声を迹化の菩薩に向けて述べられたのか。実は、面前の大衆に向けてという方法ではあったが、すでに釈尊のお心は地下《じげ》の地涌《じゅ》の菩薩に向いていたのです。すなわち、この所は迹門ですが、もう本門の世界を予見して、本化の菩薩の涌出をうながすかのように「今まさしく時であるぞ」と大音声をもって述べられた訳で、このために迹化の面前の菩薩・声聞の発誓を聞きすごされたのです。

勧持品に於いて、法華経を弘めるには命を捨てる決意で挑まなければならないと説かれたので、これにおどろいた文殊菩薩のもっとやさしい修行のしかたはないでしょうかという問いに対して、釈尊は安楽行品に四つの安楽な修行のしかたをお説きになった。これが身・口・意・誓願という四安楽行です。安楽な行といっても決してやさしい修行ではなく、基本的な修行のしかたを説かれたのです。すなわち、身の置き場所、修行するのにふさわしい場所を選びなさい、逆に、ふさわしくない場所に足をふみ入れるな、という身安楽行。人の悪口を言ったり、ねたみ・いかりなどの言葉をつつしみなさいという口安楽行。常におだやかな心、やさしい心を持つように心がけなさいという意安楽行。最後に誓いを立てて法華経の修行をしなさいという誓願安楽行です。菩薩の修行は誓願ということから出発するのです。迹化の菩薩・声聞が勧持品において誓いを立てたように、また日蓮聖人が有名な「三大誓願」を立てられたように。

以上の法華経迹門の内容を要約し、本門に入りたいと思います。

迹門の方便品から授学無学人記品までは声聞に対しての説法で、面前の声聞がそれぞれ記別を受けたのです。法師品からは菩薩に対して、流通ということを問題にして説法をされました。

本門に入ると「開近顕遠」ということが一品二半の世界で、重要なテーマとして説かれていきます。日蓮聖人は見宝塔品を「寿量品の遠序」と言われています。見宝塔品は迹門です。その迹門を本門の遠序と言われたのは見宝塔品において分身の諸仏を集めるということが、釈尊の久遠実成ということを暗示しているからです。

日蓮聖人は、法師・宝塔でことが起こり、涌出・寿量でことが顕われ、神力・嘱累でことがきわまった、ということをおっしゃっている。日蓮聖人の宗教、あるいは日蓮聖人が法華経の行者、地涌の菩薩としての自覚の中で、その生涯を法華経に捧げられた理念がこの六品の中に見い出せると言えましょう。

法師品では如来滅後の法華経の弘通が中心テーマとなり、ここで如来滅後という問題が起こる。そして次の見宝塔品では、宝塔が現われて法華経の真実が証明されるということになり、この部分が本門を起こすという所であります。すなわちこの二品を〝起〟という項目に上げられるのであります。

勧持品に於いて、菩薩等の大衆は釈尊の前で、「いかなる敵が現われようとも私はそれを耐え忍んで法華経を弘めます」と誓うのですが、釈尊はその誓いをお受けにならなかった。それは、釈尊は地涌の菩薩の涌出をまたれていたからです。その地涌の菩薩が従地涌出品において涌出するのです。

立派な菩薩が地下から涌出してくるのを見た大衆は、「これはどういうことでございましょう」と釈尊に問う。すると釈尊は「これは本化の大菩薩である。私が久遠の昔に教化した弟子たちである」とお答えになる。この答えが大衆の深い疑問を呼ぶことになります。すなわち、大衆は、今まで釈尊につき従っていたが、かつてこのような大勢の菩薩を教化された場面に出あったことがないというのです。また、釈尊が地涌の菩薩を久遠教化の弟子であるとおっしゃることは、あたかも若者が老人を指して、「これは私の子供だ」

と言っている（父少子《ふしようし》老《ろう》の疑い）のと同じでとても理解できない。これは、久遠教化、すなわち地涌の菩薩は釈尊が久遠の昔に教化した弟子であり、久遠の弟子を持つということは釈尊自身も久遠の命を持っているということをお示しになっているのです。弥勒菩薩は大衆を代表してこのような疑問を釈尊に投げかけ、寿量品を起こすのです。

寿量品を大きく二つに分けると、前半は法門を直接説く法説、後半は譬えを以てそのことをさらに説示された譬説です。法説は開近顕遠、すなわち菩提樹下で悟りを開いたことを開し、真実は五百億塵点劫の昔に成道した（久遠実成）久遠の仏であるということをお示しになっている。過去・現在・未来の三世に亘って人々を利益していくという仏さまの本来の姿をここでお示しになり、さらにそのくりかえしとして、良医の譬えという譬説をされたのです。このようなことが〝顕〟に相当するのです。

神力品では冒頭から、「如来滅後において法華経をこの私が弘めていきます」と地涌の菩薩が誓いを申し上げるのです。これを受けた如来はよろこんで付嘱される（結要付嘱）。これが「以要言之如来一切所有之法」の下りです。妙法蓮華経という題目五字七字の大法を釈尊は地涌の菩薩に付嘱された。この結要付嘱、すなわち地涌の菩薩への大法付嘱ということを、我々は今日的な課題として受けとめ自覚しなければなりません。

妙法蓮華経総科

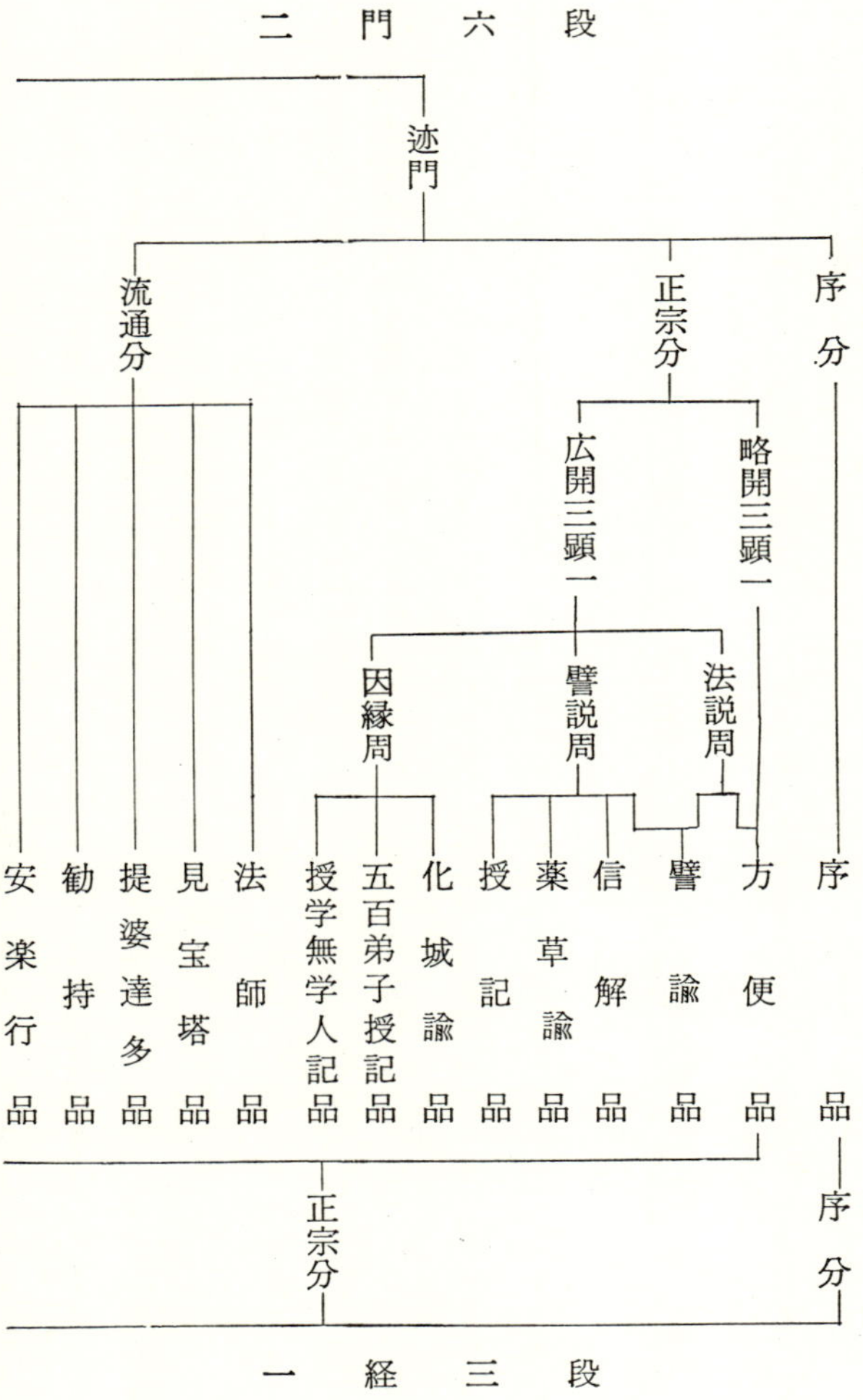
二門六段
迹門
序分
正宗分
流通分
略開三顕一
広開三顕一
法説周
譬説周
因縁周
序品
方便品
譬諭品
信解品
薬草諭品
授記品
化城諭品
五百弟子授記品
授学無学人記品
法師品
見宝塔品
提婆達多品
勧持品
安楽行品
序分
正宗分
一経三段

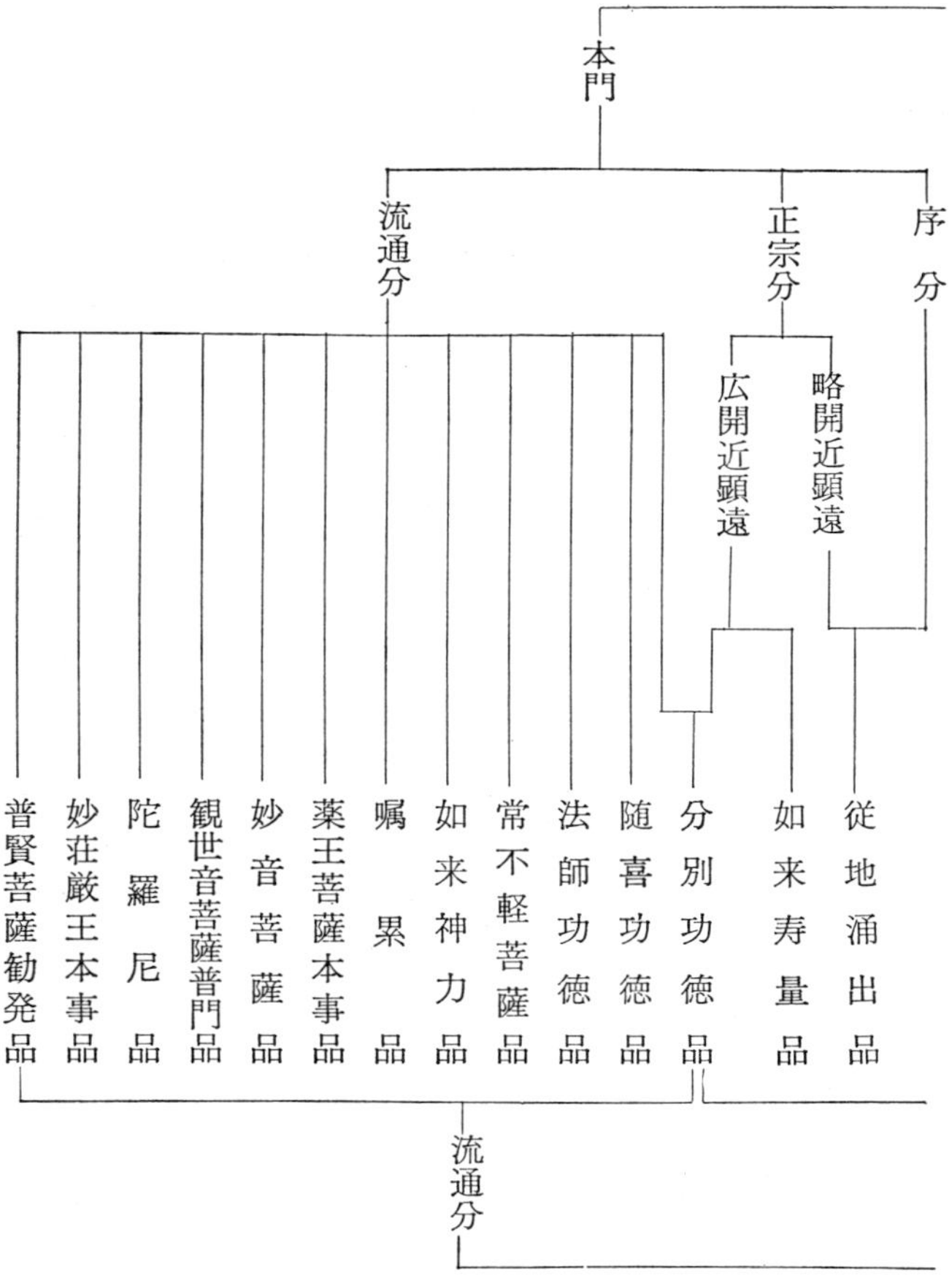
本門
序分
正宗分
流通分
略開近顕遠
広開近顕遠
従地涌出品
如来寿量品
分別功徳品
随喜功徳品
法師功徳品
常不軽菩薩品
如来神力品
嘱累品
薬王菩薩本事品
妙音菩薩品
観世音菩薩普門品
陀羅尼品
妙荘厳王本事品
普賢菩薩勧発品
流通分

四種三段

① 一代三段

- 爾前経 ― 序分
- 法華三部経（無量義経・法華経・観普賢経）― 正宗分
- 涅槃経 ― 流通分

② 一経三段（十巻三段）

- 無量義経・法華経序品 ― 序分
- 〃方便品〜〃分別功徳品 ― 正宗分
- 〃普賢菩薩勧発品・観普賢経 ― 流通分

③ 二門六段

④本

迹門三段
本門三段
法三段（本門三段・観心三段・法界三段・文底三段）
十方三世諸仏微塵経々――序分
寿量（一品二半）――正宗分
（南無妙法蓮華経）――流通分

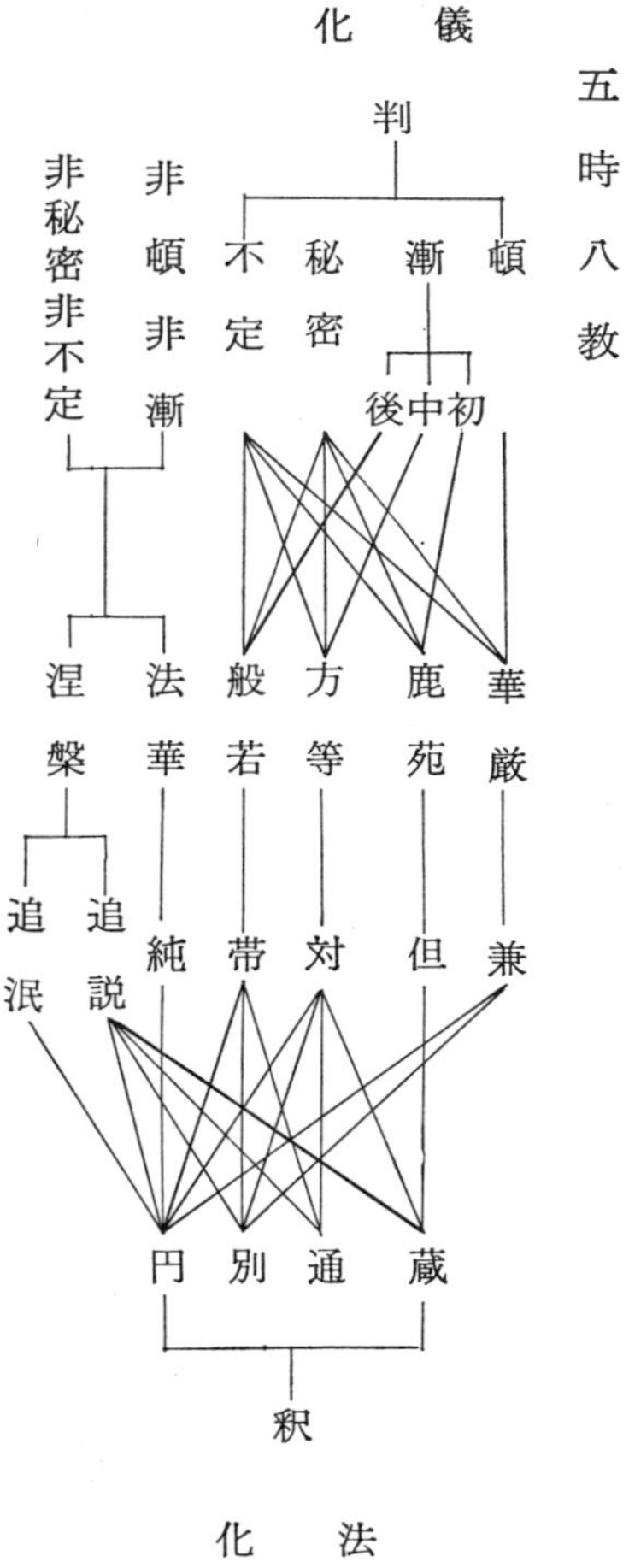

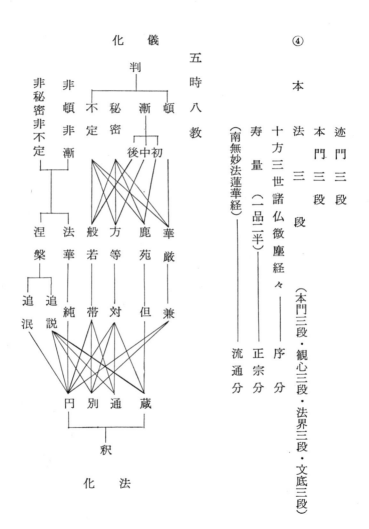

嘱累品に於いては総付嘱がなされる。釈尊から総じて付嘱された無量の菩薩がたは歓喜してこれを受け、それぞれの世界にお帰りになる。これを以て虚空会が終了するのであります。

事が起こり、事が顕われ、事が竟《きわ》まるという世界がこの虚空会の中にあります。これが起顕竟であります。このところが日蓮聖人の法華経の見方の最も重要なところと言えます。日蓮聖人の法華経の弘通、菩薩として身命を惜しまず人々の救済の為に立ちあがるというお姿はこの起顕竟という法門が基盤となっていると言えます。すなわち、日蓮聖人の宗教と虚空会の説法はきわめて深い関係にあるのであります。釈尊から付嘱を受けた菩薩は今こそ出現すべきではないか、もしそうでないなら菩薩は大虚妄罪になる、自己こそ、その地涌の菩薩ではないかという自覚が、「法華経の行者日蓮」を生んだのであります。

（第六五回日蓮宗兵庫県夏期講習会『講演録』昭和五六年一一月二三日）

二　日蓮聖人の題目受持

はじめに

ただ今ご紹介にあずかりました庵谷でございます。ふだんは大学で教壇に立って、学生諸君を相手にしておりますので、つい話が堅くなってしまい、お聞きぐるしいこともあろうかと思いますが、ご諒承いただきたいと思います。

今日は土曜日でございますが、金曜日は熊谷校舎にまいりまして、一日中といってよいほど講義がありますので、大体土曜日は疲れて、喉の調子もよくありませんので、この点も併せてお許しいただきたいと思います。

ご紹介いただきましたように、出身が京都府であります。京都府と申しましても北部、日本海側ですが、お話しいたします時、関西弁が入るかもしれません。十八歳の時に大学に入るため上京いたし、以来ちょうど十八年経ちました。郷里で十八年、東京で十八年、ちょうど真ん中の年にあたります。

昭和四十二年に上京いたし、大学に入学したわけですが、その時に初めて日蓮聖人の勉強をさせていただき、以来今日に至っています。この「日蓮聖人の題目受持」という問題について、どのような経過でこの研究をするようになったか、最初に申し上げておきたいと思います。

昭和四十年代と申しますのは、皆様もご存知のように、大変に学生運動が盛んでありました。大学が閉鎖されたり、学生が教室を占拠したり、大変な時でした。一年生の時は大学でもあまり専門の授業はございませんでした。受けましたのは、たとえば塚本啓祥先生の「インド仏教史」、田賀先生から「梵語」、こういうふうな授業を受け、宗学の授業はございませんでした。四十三年になりまして、二年生の時初めて「宗学概論」の授業がありまして、茂田井先生から宗学の授業を受けました。これが宗学の講義を受けた初めてでありました。以来、大学院に入っても「宗学概論」を受けていたのですけれども、何年間も茂田井先生に「宗学概論」を受けました。三年生になり、『本尊抄』の講義がありました。今、学生諸君は『本尊抄』の講義は四年生にならないと受けられないのですけれども、我我の時代は、三年生から自由に専門科目を受けられましたので『本尊抄』の授業を受けました。この『本尊抄』の授業もやっぱり茂田井先生に受けて、大学院に入っても、繰り返し四、五年授業をうけたと思います。

私が入学しました時は、立正大学では、宗学の講義をなさっておりました望月歓厚先生・執行海秀先生という著名な先生方が四十二年、四十三年に御遷化《ごせんげ》になりまして、専門の授業では茂田井先生が最も中心になり日蓮教学を論じておられました。そういうことで、私は、純粋に茂田井先生だけを頼りにして、今日に至ったということであります。私がお話し申し上げますことは、常に茂田井先生がお話しされていることで、茂田井先生の授業内容をこんなふうに理解いたしてまいりましたということをお話し申し上げるようなことでございます。

昭和三十九年に、茂田井先生が『観心本尊抄研究序説』という本を山喜房仏書林からお出しになりました。この本を三年生の時、卒業する先輩から贈呈してもらったのです。その本を見ておりましたら、その中に、「受持の論理的構造」という論文がございました。茂田井先生の受持についての論文であったのです。この論文との出会いが、私がこれから受持ということに取り組んでゆくきっかけとなったのです。

それで、受持ということは、あまり先師もお述べになっておりません。教学史上の著書を見てまいりましたけれども、受持ということに着目された先師もおりませんし、「受持論」と私は申しておりますが、こういう研究の本もございません。日蓮宗では、本迹論とか、権実論、特に本迹論ですが、本門と迹門との問題、あるいは題目論、本尊論、こういうことを多くの方が論じておられますけれども、受持ということに視点を当てて述べたものはない。こんなことから、『観心本尊抄』にお示しになっている受持について勉強する必要があるのではないかと感じました。それで、学部の論文と大学院の修士論文で受持について検討したわけであります。その集約ということが、今日になったのであります。

そんな経過を経て今日に至っておりますので、そんなことをふまえまして、時間迄私が考えてまいりました受持の問題、それから結論部分をお話しさせていただき、責に代えさせていただきたいと存じます。

一　観心本尊抄受持譲与段

日蓮聖人の御遺文、沢山のご著書、お手紙（ご消息とも申します）がございます。その中で日蓮聖人が受持ということを特に注意してお述べになっている箇所があるかどうかということを検討してまいりました。結果は『観心本尊抄』という日蓮聖人の最も重要な教義書といわれていますが、この書物の中に、私どもが「受持譲与段」といっております、文字で申しますと三十三字ですので、三十三字段とも申しておりますが、ここに「受持すれば自然《じねん》に譲与したもう」とあります。この受持ということが最も中心になっていて、他にも用例がないことはないのですけれども、日蓮聖人の教義上で着目すべき受持ということは他の遺文には出てこない。そういうことがわかりました。日蓮聖人は受持ということについてご自分の意見と申しますか、宗教的論理と申しますか、そういうものを遺文に余りお述べになっておりませんので、先師もあまり受持ということは、おっしゃらなかったのだろうというふうに思います。ですから、言ってしまえば『観心本尊抄』の中のお言葉、『観心本尊抄』の中の受持譲与ということ、これが最も重要な日蓮聖人遺文中の受持の用例だと思います。まずご文章を紹介いたしますが、この文章は日蓮聖人の『本尊抄』の二十番目に出てくる問答の答の文章の一節です。それは、

釈尊ノ因行果徳ノ二法ハ妙法蓮華経ノ五字ニ具足ス。我等受ニ持スレハ此ノ五字ヲ一自然ニ譲リニ与ヘタマフ彼ノ因果ノ功徳ヲ一。

――釈尊の因行果徳の二法は妙法蓮華経の五字に具足す。我等この五字を受持すれば自然《じねん》に彼の因果の功徳を譲り与えたもう――

とこのように拝読いたしております。

日蓮聖人はお筆でお書きになっておりますが、これは、今、国宝となって、中山の聖教殿に格護されております。それは白文の漢文でございますが、日蓮聖人のご文章は鎌倉時代の時代文でございまして、正式の中国漢文ではございません。

「釈尊の因行果徳の二法は妙法蓮華経の五字に具足す」と。これで一つの文章が終っています。即ち釈尊の因果のご功徳というものが、妙法五字に具わっていますというのが前半で、後半は私達が妙法五字を受持することができたならば、自然に彼の因果（釈尊の因行果徳）は譲り与えられますよ、ということです。これを受持譲与段と申していますが、合計三十三字ありますので、三十三字段とも言っております。この中の受持という言葉にとくに注目して頂きますと、これがこのたびのお話のテーマの「受持」ということが出てまいりますます根拠であります。

では、どうして『観心本尊抄』の受持ということを問題にしなくてはいけないかという日蓮教学上の位置づけを申し上げますと、私どもお題目を唱える、日蓮聖人の宗教の根幹は唱題、即ちお題目を唱えることにある。そのお題目を唱えるということは、一体どこから出てくるのかということの根拠、それは「受持此五字」、これがお題目を唱えるということなのです。五字というのは妙法蓮華経の五つの文字でできているので聖人は五字とおっしゃっている。妙法蓮華経を受持すればとおっしゃっている。妙法蓮華経の受持がお題目を唱えることであるというのが日蓮聖人のご教示でございますので、この受持ということは、我々がお題目を唱えるということの根拠になっている。唱題依文と教義的に言っていますが、唱題の根拠になるものが、『観心本尊抄』の受持譲与段です。それで、日蓮教学上、お題目を唱えるということは、重要な意味をもっておりますので、受持ということはもう一度考えなくてはいけないというふうな着目をしていったわけであります。

そこでこういうことを具体的にお話し申し上げてゆきますと長くなりますし、私は大学でこの「受持」という内容で講義を担当させていただいていますが、一年間では考えていることの約半分くらいしか授業は進まない。そんな状態ですから、今日、この時間ではとてもお話しできませんので、問題提起と大体の内容と結論程度でお話しをしめくくらせていただかねばならないと思っております。

二　受持の概念

それで、従来日蓮聖人のそういう教義的な問題、私どもが考えております受持ということに関連して、教義的にどういうふうに表現してきたであろうかと考えますと、唱題とか、或いは成仏、信、色読、それから行、そういうふうな表現をしてきたのではないかと思います。

即ち「受持する」ということは、行為、何かの行ないをするということです。ですから行ないということの意味を込めて行《ぎょう》とか信行とかという言い方ができますし、受持ということは、ただ単に行為をするだけでなく、その行為には意味があります。その行為は普通の行為ではなく、行為せざるを得ない、そうしなくてはいられないという行為で、その行為には意味がある。即ちそれが信、信仰によってその行為が出てくる。ですからそれが信に置き代えられる。あるいはその行為によって、私は救われるか救われないかということにかかってまいりますので、成仏ということにつながってくる。そこで受持は成仏という言葉でも言われていたと思います。

先ほども申しましたが、先師は受持という言葉はおっしゃいませんでしたけれども、そういう語句を通して、日蓮聖人の救済の論理と申しますか、信仰の世界を表現していたのではないかと思うわけです。あえて受持という言葉を使わなくても、すでにそういうことは論じられてきたのだというふうに思います。つまり、日蓮教学史上では、唱題・成仏・信行というような言葉で論じられてきたのです。そこで私は、受持ということをもう少し厳密に考えなくてはいけないと思いました。

受持は、「受ける」と「持《たも》つ」という字でございまして、そういうところからもう少し検討してゆく必要があるだろうというふうに考えたわけであります。

受持ということは、日蓮聖人の独創の言葉ではないのです。仏教でずっと使っている言葉。即ち仏教はインドから中国に伝わりまして、漢訳されました。この漢訳の経典の中に受持ということが沢山使われています。法華経の中でもご存知のように、受持・読・誦・解説・書写と出てきます。特に神力品では繰り返し、「応受持此経」と、この経を受持すべきである、ということを言っています。受持という言葉は法華経ばかりでなく他の経典にも沢山でてきます。日蓮聖人は多くの経典を引いておられますけれども、その中に受持という言葉が沢山あります。むしろ日蓮聖人遺文中にはそのような用例の方が多いのであります。

『大智度論』の中で、「信力の故に受け、念力の故に持つ」ということを説いています。これは有名な言葉ですのでご存知の方もあると思いますが、信力と念力とで、受持ということを説明しています。受けるのは信の力だと、持《たも》つというのは念の力だと、こういう表現でございます。

こういうことを頼りといたしまして、受と持《たも》つということを考えてまいりますと、受持の最初の受けるという言葉は、授けるということがないと、受けるということがないのではないか、ということですね。つまり授受関係といいますか、授けるということがあるから、受けるということがあるのだと考えますと、まず最初に授けるという仏があり、受けるのは私達、行者と申しますか、そういう人達が受ける。そこに仏と私という関係がまず設定されているといえます。受という言葉の中には、相対概念がある。相対概念とは、私が受ける。受けるということは、授ける人があるから受けることができるという関係がなりたっているということです。

そこで日蓮聖人は、「受持すれば自然に譲与したもう」とおっしゃっていますので、受持という行為の中に、自然譲与というものがある。ということは、受持が即譲与だとおっしゃっているわけです。そうしますと、授けるということと、受けるということが一つになっている。授けるということと受けることが同時だということを日蓮聖人は自然《じねん》とおっしゃっている。「自然に譲り与えたもう」とおっしゃっている。そうしますと、なぜ授受関係が自然なのかということになりますと、この背景にありますものは、法華経の寿量品の最後の文ではないかと思います。「毎自作是念」――毎《つね》に自らこの念を作す――これは仏さまの慈悲の世界、仏さまは毎《つね》に人々を救って私と同じようにさせたい、「速成就仏身」させたいとおっしゃっていますから、それは仏さまの慈悲の世界、仏さまは我々が気づく気づかないにかかわらず、慈悲の光を放っておられる、我々を見ていて下さる。それが仏さまの慈悲。その慈悲に応えることが私達の受持、即ち信です。仏さまは毎《つね》に私達に救いの手を差しのべておられて、その仏さまの手に縋るか縋らないかは、私どもの信にかかっています。仏さまの手に縋るという行為をするかどうか。それが授ける、受ける、仏と私、慈悲と信という関係で成り立っているのではないか、というふうに思っています。

そうしますと、この両者の間というのは、まず、客観的な目でみますと、仏さまと私というのは相対している。ところが、行きつくところは、私達と仏さまが一体にならなければいけない。一体になる必然性がある。それが宗教的救済論理なのです。仏さまと私がどういうふうに一体になれるか。なれるということの論理的背景は、慈悲と信という関係で成就するのです。

そこで相対概念の間に介在しているものがある。これが教えというもの——教ですね。その教えというものを通して、仏さまの世界に行くことができる。その教えというものは何かというと、「この五字を受持すれば」と日蓮聖人がお書きになった即ち妙法蓮華経の五字ですね。「妙法蓮華経の五字を受持すれば、あなたも仏様と一体ですよ」ということですね。教というものは相対的世界。そうすると、教というものは、仏さまと私だけの間ですまされるものでなくて、仏さまと私の関係がすべての人に通用しなくてはいけない。普遍性をもっていなくてはいけない。そうしますと、教え——妙法五字というものは、客観性がなくてはいけない。要するに、仏さまとAさんだけがこの関係で結ばれているのではない。BさんもCさんも誰もが結ばれている。誰もが仏さまによって救われるという関係を持っていなければいけない。それが教えというものです。そこで教には客観性が要求されます。それから、仏さまの妙法五字をいただくということは、誰もがいただけるもの、それは客観性があるということですが、客観性があるということは、誰もがそうみることができるものですから、具体的なものでなくてはいけない。あるいはそういう具体性があるということは、その中から歴史性というものが出てくる。歴史性というのは、現実性ということだと思いますが、そういうものが出てくる。

即ちこの教えをいただくということはどういうことなのかという、もっと現実的な問題がでてくるわけです。日蓮聖人は、釈尊と私、釈尊と自己という関係の中で、ただ単に仏さまの慈悲の世界に浴して因果の功徳を下さいと、お題目を唱えて、いただきました、ありがとうございます、といった関係で終始されたわけでなく、その中で常に釈尊のお心をいただいて、釈尊の世界を実現していかなくてはいけない、釈尊の教えというものをこの世の中に実現しなくてはいけない、とお考えになりました。それが日蓮聖人の宗教の特殊性だと思うのですけれども、それは教というものが要求しているわけです。妙法五字が要求しているわけです。妙法五字の成就はただ単に仏と日蓮聖人との間だけですます問題ではなくして、そのことは具体的な歴史社会というものを実現していかなければいけない。法華経の歴史社会を実現していかなければいけない、というふうなことを釈尊がおっしゃっている。その為に日蓮聖人が汗水たらして頑張ると、即ち難に値《あ》ってもそれに負けないで、釈尊の世界を実現していこうと頑張られました。

その辺にゆきますと、同じ仏教の中でも他の宗派の教えと、一寸ニュアンスが違う感じがします。例えば、禅を修しても、念仏を称えるにしても、仏さまと私という関係で成就してゆく、成り立ってゆく。ところが日蓮聖人の宗教は、単に仏さまと私という関係だけでは成り立たない。具体的な社会の中でこそ、仏と私という関係が成り立ってゆくという特色がございまして、日蓮聖人の宗教が非常に難しいといいますか、あるいは日蓮聖人の宗教をそのままいただくことがとても困難であるという理由がそこにあると思います。

たとえば、私ども大きな学会に行きまして、研究発表をいたしましても、日蓮宗の研究はあまり歓迎されないような気がします。私が考えますに、それは他の宗派の方々の研究発表とニュアンスが違うからではないかと思います。私は日蓮宗の研究はヤンチャな面があると思います。たとえば、法華正法といいますから、法華経を中心に考えて話をすすめてゆきますでしょう。そういう研究発表というのは、他の宗派の人に嫌われるのですね。日蓮宗の研究発表になると、退席する人が出てくる。そんなところに日蓮宗の宗教の特色が表われているのではないかと思います。

それは日蓮聖人が好きこのんでそうしたのではなくして、法華経というものの、日蓮聖人のいただき方ですね。法華経は天台宗も依経としているのですから、法華経の宗教ですし、禅宗でも法華経をお立てになりますし、日蓮聖人だけではございませんけれども、日蓮聖人的な法華経の受け取り方、これは色読《しきどく》ということですけれども、法華経を身で読もうとされるのは、日蓮聖人の特色だと思うのです。

これは、教というものが、極めて客観性がある、具体性がある、歴史性があるというところからくるのではないかと思います。これは余計な話ですが、そんなことを思っています。

この「受ける」ということは、よく考えてみますと、私どもの立場は信です。信はどこからくるか。それは自分が仏さまの因果を受ける、ですから自分というものをまず考えなくてはいけない。自分が白紙状態ですね。自分の心が白紙状態となって仏さまをいただくというところから出発しなくてはいけないと思うのです。ですから信というものは、非常に強いものですが、信というものの本質は実はどうももっと弱いもの……という語弊がありますが、信というものは自己を押えた世界、自己を空白にする、自分の我《が》、仏教では我《が》といいますが、我《が》をおさえた世界、それが信。その信の故に又強くなってゆくのですけれども、「受ける」ということは信、信ということは自己を否定する、自己を否定するということは、仏さまをいただくということです。仏さまをそのまま頂戴するというのが、信のはじまりだろうと思います。

そして今度は「持《たも》つ」ということです。「持《たも》つ」ということはいつ迄も持《も》っているという意味なのです。ですから受けて、たもつということは、いつ迄も持続してゆくということで、これは大変なことです。頂くことはたやすいことですが、それを維持することは大へんです。品物でもそうですが、たとえば鉢植えのお花をいただいても、枯らさずにいつ迄も保つことは大へんです。そのように、持続するということは非常に大へんなことです。それが受持の「持」なのですね。ですから、『大智度論』で念力というのは、意味のある解釈だと思います。

そこで、持続してゆくということは、受けたものにおいて生きてゆくということですね。言葉をかえると、妙法五字というものを受ける、或いは釈尊のお心を受ける、釈尊の慈悲の心を受け止めそれをそのままを持続してゆく、信仰を持続してゆく。それは非常に難しいことです。受けることは自己を否定するところから出発するけれども、今度は持続してゆくということは、自己を実現することです。先ほど信というものは強いと申しましたが、強いという面はここから出てくるのではないかと思います。要するに釈尊と私という関係を想定いたしますと、釈尊によって否定された私、即ち釈尊の世界に入っていった私ということ、そして釈尊の中に入っていくということは、釈尊の中でただ単に釈尊と私との関係が成就しているのではなくして、今度は釈尊を背負って出ていかなくてはならない。釈尊の中の私だけで済むのではなく、釈尊の中の私が釈尊を背負って出てゆくということです。何を言っているのかというと、釈尊の意志を背負って出てゆくということ。いわば釈尊の身代りになって頑張る。現実の社会に下り立ってゆくということ、それが自己の実現です。日蓮聖人が法華経の世界に入っていかれて、法華経の社会を実現していかれた、法華経の行者日蓮として生涯を送られたということは、それは日蓮聖人の自己実現なのだと言えます。自己実現というと難しい言葉ですが、日蓮聖人が自分の人生を全うされた、自分の使命を完全に果された。ですから私ども信によって法華経の中に入っているばかりでなく、法華経に出る。「法華経に入り、法華経に出る」、そういうことがなければならない。それが私達の本当の人生の完成になるのであろうと思います。このことは、「持」ということから出てくるのではないかと思います。

ですからそのことを、日蓮聖人の受持譲与という言葉に当て嵌めてみますと、我々は妙法五字に入り妙法五字に出る。妙法五字に入るということは、釈尊の世界の中に入ってゆく、妙法五字に出るということは、釈尊の世界を背負って世の中に出て頑張る。それは七字のお題目を唱えるということですね。そういうことになると思います。

三　受持の論理構造

そこで今度は、日蓮聖人の宗教で救いということを考えると二元的なものがある。それは受持ということに視点を当てるからそういうことを言い出すのですけれども、仏と私ということ。仏教の思想では重要なことですが、仏というものをどういうふうに位置づけるか、私というものをどういうふうに位置づけるかということです。

日蓮聖人は、まず相対的なものから出発しているというふうに思います。それが受持という言葉で表現されるのですけれども、なぜそういうことを言うかというと、我々はすでに仏さまの世界に居るのだ、すでに仏さまの世界で、いろいろのことをしているのだ、という考え方が仏教にあります。そうしますと、これは本覚思想といいますが、我々はすでに救われている。そうすると、敢えて行為をする必要がない。行為というのは信仰的行為ですね。仏さまになろうとする行為をする必要はない。もう我々は仏の中に居るのじゃないか、こういうふうな考え方。あるいは、親鸞聖人ですと、我々は弥陀によって救われているのだ、だから念仏を称えるということは、弥陀に対する報恩感謝の念を捧げるのだ。

我々は弥陀の中に居るのだということですね。これは法蔵比丘が願を成就しているのだ。成就しているのですから救われているという。我々は救われているというところから出発するか、それとも仏さまと我々の関係の中で、我々は救いを更に求めなくてはいけないのだというところから出発するか、そういう問題があります。

そこで私は二元的なところに、日蓮聖人の宗教の特色を見るという。それは、日蓮聖人の宗教をどういうふうに位置づけるかということで、従来日蓮教学の中では問題になっているのです。それで実は、日蓮聖人のご在世時代は天台本覚思想の全盛期でございましたけれども、聖人滅後日蓮教学は中古天台の本覚思想の中に埋没してゆくわけですね。日蓮聖人滅後、室町・江戸時代にかけては、このような本覚思想が日蓮教学の中に入って参りまして、有名な身延十一世の行学院日朝上人の教学も、完全な中古天台の本覚思想です。これは室町時代ですから、それから幕末から戦前くらい迄にかけて、日蓮教学は本覚思想の中で論じられてきました。そういうことを考えてみますと、日蓮聖人と本覚思想の問題は、大きな課題になってきました。これは田村芳朗先生や、浅井円道先生が研究しておられるのですけれども、大きな問題になっています。

そういう中で、近年になって、日蓮聖人の宗教は、中古天台の本覚思想的なものを振り払うと申しますか、本覚思想的なものを取り除こうとするところに、日蓮聖人の宗教があるというふうなことが言い出されたわけです。それが戦後の話ですね。そうしますと、今迄いわれていました日蓮聖人の宗教の一元論的な論理は否定されてきた。そして、日蓮聖人の宗教はもっと現実的な問題、即ち本門思想的な問題であるというふうなことが言い出されてきたのですね。今、そのような問題の先頭に立っておられるのが浅井円道先生ですけれども、私どもは、それに賛成しているわけです。

そういう背景をもって、即ち日本仏教思想の背景をもって日蓮聖人の宗教を見ると、日蓮聖人をどう位置づけるかということが、改めて問い直されてくるのですね。

そうしますと、日蓮聖人の宗教は二元的な救済観をもっているのだということが言えます。それは仏さまと私というものが相対的にあるのだというところから出発しようとしている。それは、仏さまの中にもう入っているとみるのか、仏さまと私が相対しているとみるのか、大きく言えばこういうことなのです。話の出発がこういうことになるのです。私どもは相対というところから出発してゆく。しかし行き着く所は同じ所にゆくのです。釈尊が居られて、釈尊に対して私どもが妙法五字を受持するという行為をして、その行為によって釈尊と私どもが手を結ぶ。先ほど申した仏さまの慈悲と我々の信によって手を結ぶ。それが妙法五字を受持すればということです。「自然に譲与したもう」とおっしゃった時に、我々と仏さまが一つの世界に入ってゆく。

日蓮聖人は、「南無妙法蓮華経」を五字とおっしゃったり七字とおっしゃったりします。日蓮聖人の御遺文を拝見しますと「南無妙法蓮華経の五字」とおっしゃっています。南無妙法蓮華経は七字ですから、五字と言っては数字上では誤りです。それを日蓮聖人は五字とおっしゃっています。妙法五字七字が教学的にどういうふうに考えられているかというと、五と七は一つなのです。それを日蓮聖人は「南無妙法蓮華経の五字」とおっしゃった。それには理由がある。即ち仏さまと私達が相対している時には五字の世界、仏さまは、仏の因果の功徳は妙法五字だよとおっしゃっている。それから「その五字を受持すれば」――受持すればとは、南無妙法蓮華経。南無という言葉が受持なのですね。そうしますと、二字追加となりますから七字。「この五字を受持すれば」とこう出てくるわけです。それは手を結びなさいということですね。手を結べば自然に譲与したもう。「かの因果の功徳を自然に譲与したもう」とおっしゃっている。そうすると、五字の世界に入っていく。因果の功徳というのは、釈尊の五字です。釈尊の因果が妙法五字ですから五字の世界に入っていきます。このことを五字七字五字といいます。そうすると最初の五字が釈尊の世界、七字は私どもの世界、次の五字が釈尊と私どもが一体になった世界。これを日蓮聖人は五字七字と表現されたのだと、こういうふうに思います。ですから論理構造が相対的だというのは、こういう関係から手を結ぶということを言っているのです。

私どもがすでに仏さまの世界にあるということは、宗学ではこれを理具といっていますが、理的に具足している。要するにこの世の中は仏さまの世界だということが理的にそうなのです。理としてはそうなのです。ところがそれに対してこちらを事具と言っていますが、現実的には、我々がある行為をしなければ仏さまの世界に行かれない。受持とはその行為ということですね。この七字がそうなのですが、行為を認めるか認めないかが鎌倉仏教の一つの特色になっています。行為をどういうふうに位置づけるか。日蓮聖人は必ず行為を媒介として仏さまの世界に行かれるのだとされた。理的には仏さまと我々が一体になっているのですね。しかしもう一段、行為というものを媒介として仏さまの世界に行くのだ、ということをおっしゃっているのです。もし日蓮聖人に五字の受持がなかったなら、中古天台の本覚思想と同じように、我々も最初から仏さまの世界だから、そこに胡座《あぐら》をかいていればよい。何もしなくてもよい。たとえ悪いことをしても、それは仏さまがやっていることではないか、というふうな世界に入ってゆく。これが中古天台本覚思想の堕落です。堕落思想に陥ってしまう可能性がでてくる。ところが日蓮聖人は必ず「行」ということを前面に押し出しておられる。これは題目を唱えるということですけれども、注目しなければならないと思います。受持此五字の唱題が日蓮聖人の行だと思います。日蓮聖人の宗教は行が必要条件なのです。

四　妙法五字の受持

そこ迄お話してまいりますと、我々は結論的に五字の受持ということに着目すればいい。五字を受持すればいい。それだけなのです。それでは五字とは一体何か。『本尊抄』では、釈尊の因果の功徳が五字だとおっしゃっているのです。他のご遺文を拝見いたしますと、それだけではなくて他の表現もしておられますが、それらを集約しますと五字の受持になります。そこで今度は五字とは何かということを考えてみたいと思います。

日蓮聖人のお書きになったものを、いろいろ見てまいりますと、教義上の重要な問題は、一念三千ということです。この一念三千を成就すると救われる、とおっしゃっています。一念三千の成仏ということです。一念三千は、日蓮聖人の宗教のもっとも重要な位置を占めています。このことが「五字を受持すれば」と、どう関係するのかということですね。一念三千とは、もともと天台学の教義であります。その天台学の教義で一念三千といっていることと、日蓮聖人がお使いになる一念三千とは、ニュアンスが違ってくるのです。そこでややこしくなるのですが、日蓮聖人は一念三千をただ単に論理だとかあるいは個人的な修行だとか、そんなふうにはお受けとりになってはいないのです。聖人はむしろ価値的な表現をしていらっしゃる。一念三千とは、一念に三千世間が具するという具足論です。一念に三千世間が具足するというのは、私の心に森羅万象が具足するということ、即ち、真理と私とが一体になる。仏様の世界に私が入ってゆく。仏と私が一体になる。これが悟りということですね。一念三千とは悟りということです。

そうしますと、一念三千の修行が成就すると、仏と私が一体になる。それは理具論というのですが、理的な具足を言っているのです。それだけでは末法の救いは成就しない。そこで一念三千を価値的に表現された。これは日蓮聖人だけのことで、天台宗の人がみたら「何を言っているのか」と言われるかもしれません。日蓮聖人は一念三千を「珠」とおっしゃった。「一念三千の珠」、それから「一念三千の仏種」、そういう表現をしておられます。今、価値的だと申しましたのは、「珠」というのは宝珠のことですから価値があります。要するに、今でいえばダイヤモンドとかルビーとかという宝石を言っているわけですから、その一念三千の珠、一念三千の仏種というものをいただければ成仏できる、とおっしゃっているのが一念三千の成仏なのです。その一念三千の珠・仏種という表現を通して、一念三千が五字だと、一念三千は妙法五字だと、そういうふうに論証していくのですね。一念三千が五字だということは、日蓮聖人だけが言われていることです。天台教学では言いません。

そういうところから、一念三千は、釈尊の因果の功徳だと『本尊抄』で日蓮聖人がおっしゃった五字とイコールなのです。一念三千イコール妙法五字というのが、日蓮教学の基本的な部分になります。一念三千が妙法五字であるということを、日蓮聖人は以上のような表現を通して論証されているのです。

日蓮聖人は「釈尊の因果の功徳は妙法五字に具足す」とおっしゃった。因果という表現が出てくる。これはただ単なる因果ではなくて、釈尊の因果です。釈尊の因果も又五字になるのです。「因」というのは、釈尊の久遠の過去から今日に至る迄の、いろいろなご修行のことですね。「果」というのは、それによって得られた徳です。それを因果と申しています。そういう言い方をしますと、時間的な要素を含んでいることが解ります。時間というのは必ずそれに空間的なものが付随しています。釈尊がいつ何をされたということは時間と空間を含んでいます。久遠から今日に至る迄の釈尊、このご功徳が五字だとおっしゃっている。それは釈尊のすべてが五字だということです。そうすると、因果という言い方がどうして出てくるのかというようなことが問題になってくる。これもおそらく、日蓮聖人だけの表現だと思います。

日蓮聖人が五字を価値的に表現されていることの背景を見なければいけない。その一つは良薬だと思います。五字とは良薬だとおっしゃる。良薬はどこから出てくるかと申しますと、有名な如来寿量品の良医の譬えですね。良医の譬えの中で、「是好良薬今留在此」「色香味美」、色も香りも味わいもいいと。それから、沢山の薬の中から「擣簁《とうし》和合《わごう》」した、とおっしゃって、きわめて服《の》みやすくて、たいへん内容の充実した薬、それが留めおかれた。「今留在此」。そういうことが出てきます。良薬とは何か。日蓮聖人は妙法五字だとおっしゃっています。そうしますと、妙法五字というものは薬ですね。末法に留められた薬です。薬というものは病を癒すものです。如来寿量品では毒消しですね。日蓮聖人は末法の衆生は重病だとおっしゃっています。この重病の人間が自らの病に気がつかない。そこで、この重病を癒すには薬を服《の》ませなければならない。その薬は何か、それは妙法五字だと。そこで良薬イコール妙法五字。その薬とは末法の我々が服むべき薬、即ち価値的なもの、我々には宝石と同じ宝物です。ですから、一念三千の珠とおっしゃる。その珠、即ち妙法五字というものが、お薬として、大切な価値的なものとして我々に与えられている。それが論理の背景にあります。

その外に、日蓮聖人は「肝心」だとか「肝要」だとかいう言葉を使って、たくさんの釈尊の教えの中で最も重要なものは、この題目に集約されているというような言い方をしておられます。

例えば、広・略・要という言い方をしておられます。広というのは広いという意味。これは釈尊の教えは沢山あるけれども、その中で最も中心となるのは法華経である。その法華経は広。その法華経の中でも中心は寿量品だ。それは略。その寿量品でも要旨は何か。それは妙法五字だ。それが要。そしてその要を、要法だとか肝要だとか日蓮聖人は表現しておられますが、要法というのは、例えば法華経の神力品の中で、結要付嘱――要を以てこれを言わば――以要言之如来一切所有之法……と出てくる、あの要法ですね。神力品は末法付嘱の問題、如来滅後付嘱の問題で、地涌の菩薩が誓いを述べ、釈尊はその誓いを受けて「要を以て之を言わば」とおっしゃって、要法の付嘱をされた。これは如来神力品の内容ですけれども、要法を地涌の菩薩に付嘱された。その要法とは妙法五字だ、と日蓮聖人はお受けとりになっている。

そうしますと、肝要とか、要法とかいう表現をそういうところに関連させてゆきますと、妙法五字というものは釈尊が私達にお与え下さった良薬、お題目を唱えるということは、その良薬をいただくということ、あるいは仏さまの大切な宝物をいただくということになってきます。

その外に仏種ということがあります。先ほど「一念三千の仏種」と申しました仏種です。仏種とは仏の種ということですね。仏さまの種ですから、きわめて価値があります。種というのは種を播くわけですから非常に具体的です。先ほど申しました理具ということは、例えば仏教では仏性と言います。日蓮聖人の教理では仏性論は理具論だと思います。誰でも仏に成れる。それは可能性としては確かにあるのです。可能性としては確かにあるけれども、その可能性を本当に実現するためにはどうしたらよいか、何かしなければいけない。そこに日蓮聖人の信行が出てくる。仏種を獲得するということです。獲得という言い方は過激な表現ですが、頂くということですね。仏さまの立場からいえば、下種ということです。我々の立場からいえば種を頂く。そういうことが必要になってくる。

日蓮聖人の宗教には、仏性と仏種の両方があります。最近、そのことを含めた渡辺先生を代表とした総合研究が進められておりますけれども、結論的には分っていることで、日蓮聖人の宗教は仏種が中心になっています。日蓮聖人の成仏論の背景には仏種論がありま す。そのうちそのような研究についての本が纏められると思います。

そんなことをお話しして、あとはまとめにしたいのですが、日蓮聖人の受持の論理構造の基本は以上の通りです。そこで具体的に題目を受持することはどういうことかということをもう少し説明させていただきます。

五　三業円満具足の受持

日蓮聖人の教義だけではございません。仏教一般で三業という言葉を使っていますが、三業とは、身《しん》・口《く》・意《い》の三業です。三業受持とは、身業・口業・意業の三業に亘って受持するということです。これを日蓮聖人の宗教に当て嵌めて考えてみますと、身業——身でお題目を受持するということですから、身持題目といえばよいのですけれども、日蓮聖人の場合は唱題とおっしゃっていますから、身にお題目を唱える。それから口に題目を唱える。意ということは心ですから、信仰の信だと思いますので信唱題目。こんなふうになると思います。そうしますと、口唱題目は解るわけです。口で題目を唱える。唱えるということは漢字に口がついているとおり口で行うことですから、唱えるということは解ります。ところが身で題目を唱える、あるいは身で題目を持つ、それはいうまでもなく身持題目、身に題目を持つことですから、法華経のことでいえば法華経の実践ということ、即ち、日蓮聖人の宗教では身で読むということ、色読受持ということだと思います。そうしますと、日蓮聖人の宗教は題目を唱える、唱題といいますけれども、口で唱えるお題目、身で唱えるお題目、信で唱えるお題目、その三つがあるということになります。それで、三業円満受持という。三つのものが円満に具わっている、円満具足している。円満とは一つも欠けていないことですね。三つのものが具わっているのが、日蓮聖人の題目受持だと思います。

そうしますと、日蓮聖人は「信心為本」とおっしゃいましたから、信を以て本と為す。「以信得入」、信によって入ることができる。あるいは「以信代慧」、末法の人間は智慧でもって仏の世界に入るのではなくて、信を以て仏の世界に入るということで、信ということを強調されました。それから、お題目を唱えなさい、お題目は末法万年のほか未来までも流布されねばならないとおっしゃいました。日蓮聖人自身、法華経の世界を実現するために、身心を惜しまず頑張られた。それが信唱であります。その三つの世界を、日蓮聖人は円満具足された。それが日蓮聖人のおっしゃる題目を唱えなさいということの意味だと思います。唱題は、ただ口先だけで唱えるのはたやすいことです。ところが三つが全部揃って唱えなさいと言われたら、一寸誰でもが唱えるわけにはいかない。あの時代に題目を唱えている人もいた。日蓮以前に法華経の信仰をしていた人はいたが、本当の法華経の信心に生きた人はいないと日蓮聖人もおっしゃっている。また、日蓮一人声もおしまず唱えた、日蓮が唱え始めた——日蓮始唱だとおっしゃった。

歴史的研究で、すでに明らかにされていますが、日蓮聖人以前、平安時代にもお題目が唱えられていた。そうすると、日蓮聖人が自分が始唱であるとおっしゃるにはそれなりの意味がなくてはならない。それは、自分のような意味を込めて題目を唱えた者は、未だかつて一人もいなかった、ということを日蓮聖人はおっしゃっているのではないかと思います。平安時代には、持経者というような人がいた。持経者はもっぱら法華経の受持をしていたわけで、具体的に何をしていたかというと、法華経の転読、法華経を読む。法華経の転読をして功徳を回向しておられた。日蓮聖人も自らを持経者と表現しておられるところもありますけれども、歴史的な持経者と、日蓮聖人が自分を表現される場合の持経者とは意味が違う。日蓮聖人は「法華経の行者」という意味でおっしゃっている。ですから、持経者という人達が世の中にたくさんいて、法華経を読誦しておられた、題目を唱えていたという例も、いろいろな資料で証明されています。そうすると、日蓮聖人以前の方の唱題と違う唱題、それが日蓮聖人の初めてお唱えになったお題目といえると思います。日蓮聖人が「自分の後に二陣三陣続きなさいよ」とか、「日蓮が慈悲曠大なれば万年のほか未来迄も流るべし」とおっしゃったお題目が、永々と今日まで流れ続いてきている。そのお題目が、日蓮聖人がおっしゃった身・口・意三業円満のお題目であるかどうか。これは考えると大へんなことですね。

日蓮聖人は唱え難きお題目とおっしゃった。本当にこういうふうに考えると、お題目は唱え難い。高校生くらいの教科書に鎌倉仏教が紹介されて、易行という表現がされたりしています。鎌倉仏教の特色は、たとえば法然上人・親鸞聖人の念仏、日蓮聖人の唱題とかが紹介された時に、日蓮聖人の宗教は鎌倉仏教の特色の一つとして、易行化ということが紹介されている。今迄仏教は知識のある人でなければ出来なかったけれども、易行化ということは、念仏を称えに出来るようになった、それが鎌倉仏教の特色だ、と。易行化ということは、念仏を称えれば、題目を唱えれば救われるということで、誰でも唱えることができるようになって、鎌倉仏教は一般民衆のものになった。一般化されたと言いますけれども、それは確かに誰でも題目を唱えられます。その意味では易行化です。ところが、三業円満などと言い出しますと、口では唱えられますけれども、それは形式だけであって、本当に成仏できるお題目というのはそう簡単には唱えられるものではありません。やはり難行だなーと思います。難行と言ってしまいますと、難行と易行の仏教史学的な意味で解釈されますと語弊がありますけれども、具体的に考えていくと、日蓮聖人のお題目は難しい。とくにお題目に命を懸けなさいということですから、これは大へんなことだと思います。本当の信を持って唱えなさいということです。ですから誰でも唱えられるものではない。我々はふだんお題目を唱えますけれども、そのお題目は、本当に日蓮聖人のおっしゃった、釈尊の御意に適ったお題目であるかどうかということを、日々反省しなくてはいけない。そして今日一日の自分の行為というものを反省して、お題目に対して反省して、又次の日は頑張らなくてはいけないという気持を起こさなければいけないと思います。

そうしますと、お題目を唱えること――唱。お題目を実践すること――弘。弘とは弘通の弘。それが不二です。不二は二ならずということですから、三業円満と同じことですけれども、お題目を唱えるということと、法華経の実践をするということは同じことを言っている、一体だというのですね。お題目を唱えるということは、身をもって唱えるということだと、日蓮聖人の教義に照らせば言えるのではないかと思います。

私どもがお題目を唱えるということを、先ほどの話に照らし合わせますと、受持というのはこの七字の行為なのです。そして五字というのは、日蓮聖人が釈尊の因果の功徳だとか、仏種だとか、一念三千の珠とか、良薬とか、いろいろな言い方をされているものです。これは教です。教とは仏さまが私どもに教え示されているものです。先ほど申しましたように価値的なものであり、客観的なものとしてあるわけです。即ち釈尊の因果の功徳としての五字です。その五字を私どもが受持するということをこれ迄お話してきたわけです。我々は五字を受持する、これは七字です。南無妙法蓮華経と唱えることは七字、その南無妙法蓮華経と唱えるということは、こういうふうな意味があるとお話してきたわけです。

六　受持と自然譲与

「自然に譲与したもう」と日蓮聖人はお書きになっています。自然譲与ということ、これを私達は成仏と言っています。成仏ということ、私どもが一番願っていること、私達の最大の目的です。それを自然に譲り与えたもうとおっしゃっていますので、自然に頂ける。私達が行なうことは五字の受持ということです。受持という行為さえ行なえば、受持即譲与ということですから、自然に譲与したもう。私達に必要なことは五字の受持です。すなわち、七字です。五字七字五字は全部イコールなのですけれども、五字即七字、七字即五字なのですから、我々のやることは、五字の受持（七字）だけです。そうすると、因果の功徳は自然に頂ける。仏さまの世界に入ることができる。ですから、最初の五字が仏さまのもの、七字が私達、そして後の五字が仏さまと私達の世界、仏さまと私達が一体になった世界で五字が七字であり、七字が五字となる。

これを日蓮聖人は妙法五字七字と表現された。この関連、五字と七字は一つのものですから日蓮聖人の表現では、「自然に譲与したもう」と、このようになるのだと思います。

「自然」ということは、鎌倉仏教では大へんな問題です。親鸞聖人は、「自然法爾」とおっしゃっています。自然ということは、「自《おのずか》ら然らしむ」ということで、自分の力というものを頼ってはいけない。すでに弥陀によって救われているのだということで、親鸞聖人は特に強調されました。日蓮聖人は遺文に数ヶ所お述べになっておりますが、自然とは何かという説明は一言もおっしゃっていない。「自然在前」とか、「自然益身」という用例があり、法華経の中にも自然ということは出てきます。そういう言葉をお引きになったり、「自然に仏界にいたる」とおっしゃったりしていますけれども、説明はありません。

その自然ということをどう見るかによって本覚思想との関連が問題になってきます。何もしないでも自から然らしむ仏の世界だと、こういうふうになってきますから、非常に難しい。日蓮聖人の「受持即譲与」の即とは「自然」であると見てよいと思います。

七　成仏の問題

最後に成仏のことですが、日蓮聖人の宗教に成仏はあるか。『大崎学報』を見ておりましたら、かつて田村先生がそういう内容の研究発表をされたようです。実は私も同じようなことを考えておりましたので、そうだなーと思ったのですが。日蓮教学に成仏があるか、日蓮聖人の宗教に成仏があるか、時間がありませんので結論だけ申しますと、成仏という固定したもの、固定した成仏はない。日蓮聖人の宗教に成仏はないというと大へんなことになりますが、固定した成仏はない。成仏しましたというものはない。宗教には反復ということがあります。日蓮聖人の宗教は常に求めて、前へ前へと向かっている宗教なのです。前へ前へと向かっていますから、常に反省していかないと誤ちになるのですね。

日蓮聖人は地獄ということを強調されていますから、日蓮聖人は地獄が恐かったのでしょうね。何かあると地獄に堕ちるとおっしゃっております。鎌倉時代に地獄は民衆にとっても大きな意味があった。それで日蓮聖人は地獄とおっしゃいました。地獄に堕ちるから頑張らなくてはとおっしゃった。日蓮聖人の宗教は常に前に向かっている宗教だと思います。その中で誤ちがあったら地獄に堕ちるのです。聖人は謗法とおっしゃいました。ですから常に志向する宗教。釈尊の世界に向かって歩み続けているのが日蓮聖人の成仏であって、「もう私は仏になった、もうこれでよい、もう安心だ」と思ったらとたんに地獄に堕ちる。それが日蓮聖人の宗教だから、非常に恐いです。日蓮聖人の宗教について、私はこんなふうな感想をもっています。

ふつうの概念でいう成仏は日蓮聖人の宗教にはない。法華経の行者として頑張っておられる世界、これが日蓮聖人の成仏ではないかと思います。

日蓮宗では、毎朝晩のお勤めの折、「南無日蓮大菩薩」と祈念しておりますが、信仰的な見方をすれば間違いなく日蓮聖人は菩薩ですね、日蓮聖人が身命を懸けて人々の為に頑張られたということは、菩薩の姿だと思いますから、私どもはそう祈念しても信仰的な立場では当然だと思います。それでは日蓮聖人は成仏されたかというと、そういう法華経的世界に生きておられた時には、やはり成仏なさったのではないかと思います。我々もそれに見倣って頑張らなくてはならない。こういうことが結論です。

むすび

この受持という課題は大きな問題でございまして、結局、日蓮聖人の宗教の要点を論じることにつながります。それは日蓮聖人の信仰を論じることでもあるのです。日蓮聖人の信仰と申しますと、とても私には論じられません。そうしますと、私自身が日蓮聖人をどう見ているのか、私自身が日蓮聖人に対してどういう信仰をもっているのかということですね。そういうことに話がいってしまいますので、私が自分の信仰を論じるようなことになりまして、話が主観的になってしまいます。そんなこともご容赦いただきたいと思います。これは完成するものではございません。終生、この世で足りなければ来世と、常にこんなことを考えていかなければいけないわけですが、それが完結することはまず有り得ないと思っております。

あまりまとまりませんがこれで終らせていただきます。御清聴ありがとうございました。

（『法華』第七二巻第一・二号　昭和六一年一月八日・二月八日）

三　題目を唱えることの意味

題目を唱えることを唱題という。唱題は日蓮聖人の教えのもっとも根幹をなすもので、日蓮聖人の宗教の生命と言っても過言ではない。日蓮聖人の教えを奉じる日蓮宗を題目宗と呼称するのもこのゆえである。

それほどまでに大切な題目とは一体何か。それは言うまでもなく、日蓮聖人が『観心本尊抄』に示されているように、久遠釈尊の因果である。久遠釈尊の因果とは釈尊の功徳全体を意味し、端的に言えば釈尊そのものということになる。日蓮聖人はこれを「仏種」「一念三千」「本門の肝心」と言い、あるいはまた「大良薬」「如意宝珠」などに譬《たと》えられている。

「仏種」とは文字通り「仏の種」で、種が成育して、やがて実をつけるごとく、下された仏種が成仏の大果をもたらすのである。

「一念三千」とは天台教学の用語であるが、日蓮聖人は、これを法華経のみが有する祕要の法門であるとみなし、衆生成仏の原理であると同時に、成仏の世界そのものであるとされた。

「本門の肝心」とは「法華経の肝要」の意で、人びとを成仏せしめるもっとも重要な教えを言う。

したがって、「仏種」「一念三千」「本門の肝心」は、ともに人びとの成仏に関わるもっとも大切なものであり、これを法華経の経説によって、聖人は「大良薬」・「如意宝珠」

に譬えられたのである。

「大良薬」とは法華経如来寿量品第十六の良医諭に説かれている「色香美味がことごとく具足」した大良薬、すなわち釈尊の慈悲にあふれた最勝の教法をいう。

「如意宝珠」とは世にこの上ない宝の珠である。法華経五百弟子受記品第八には衣裏繋珠の譬えをもって、すべての人々が無価《むげ》の宝珠、すなわち仏種を本来具有していることを説かれている。

題目はこのように絶大な功徳体であり、人びとはだれでも、題目を唱えることによって、この功徳を自然《じねん》にいただくことができるのである。これを唱題という。

ところが、題目を唱えることには深い意味がある。単に口先で唱えてもそれは唱題にはならない。身・口・意の三業が円満具足した唱題でなければ、釈尊の本意にかなった唱題とは言えないのである。身業の唱題とは身体で題目を唱えること、口業の唱題とは口で題目を唱えること、意業の唱題とは信に立脚して題目を唱えることで、この三が円満にそなわり一となったところに真の唱題がある。

したがって、題目を唱えることは、釈尊の神《たましい》を我が身に受領し、釈尊の心を自らの心として、法華経世界の実現に生きる信心のなかにはじめて可能となる。

題目を唱えることは、易しいようで難しい。日蓮聖人は『報恩抄』のなかで「一閻浮提の内に仏滅後二千二百二十五年が間、一人も唱えず」と述べられている。

私たちは、朝夕、御宝前にぬかずき、報恩感謝の心をこめて掌を合わせる。一日が題目で始まり題目で終る。これが法華経信仰者の日課である。

しかし、毎日繰り返しているそんな題目の信仰が、ただ単に個人の満足にとどまっていたのでは、本当の信仰にはならない。唱題は単に堂内のみで成就すべきものでもなければ、個人の観念にとどまるものでもないのである。

人は、ややもすれば安易な方向へ流されやすい。信仰は自己を規制し、釈尊へ直参せんとする孤独な戦いである。真に釈尊世界に参入しえぬ者は、恣《し》意《い》によって安易な道を歩むことを望むであろう。

唱題は釈尊を担い、釈尊の意思に生きることにほかならない。信仰者の歩む道は、釈尊の歩み給う道である。ひとたび釈尊世界に参入しえた者には、自己を規制することもなければ孤独の想いもない。あるのは永遠に釈尊と倶《とも》に在ることの喜びである。

人はだれでも、自らの生を意義あらしめたいと願うであろう。自らの生存の本義を全うするためにも、私たちは現在の信仰のあり方を、今いちど確認する必要があると思うのである。「仏の諫暁のがれがた」(『報恩抄』)きゆえに、代受苦の法華菩薩道を実践された聖人の心中とその御生涯を思うにつけ、信仰のあり方への問いかけは、現在の私たちにとって、もっとも重要な課題でなければならないと思うのである。

(『日蓮宗新聞』第一〇九七号　昭和五九年三月一〇日)

四　立正安国の誓い

日蓮聖人は立正安国の実現に生涯を捧げられた。立正安国とは正法を建立し世界全体を安穏ならしめることをいう。正法とは正しい教え、すなわち、釈尊出世の御本懐である法華経のことである。日蓮聖人がめざされた究極の世界は法華経の教えにもとづいた不滅の浄土であったと言えよう。

文応元年(一二六〇)七月十六日、日蓮聖人は前執権最明寺入道時頼に『立正安国論』を呈せられた。第五代執権北条時頼は、すでに康元元年(一二五六)執権職を長時に譲り最明寺に入って入道となっていたが、いぜんとして当時の最高実力者であった。毎年のように打ち続く地震・暴風雨・洪水・飢饉・疫病によって、人々は苦しみのどん底にあった。このような惨情をまのあたりにした日蓮聖人は、救国の使命感に燃え、その方策を仏の教えの中に求められた、その燃えるような思いが『立正安国論』一巻としてまとめられ、時の最高権力者への上申となったのである。『立正安国論』の上呈は幕府に対する諫暁であった。聖人は、正法にもとづいて国を治めれば、天変地夭・飢饉・疫病は退散すると、具体的証文や例証をあげて幕府の政道をただされた。

『立正安国論』は黙殺され、その年の八月二十七日、日蓮聖人の住まわれていた松葉谷の草庵は暴徒に夜襲された。聖人は難を免れて下総の富木常忍のもとに身を寄せられたが、『立正安国論』の上呈は身命にかかわる大難をもたらす結果となった。

日蓮聖人は単に自己の救いのみを求める宗教者ではなかった。社会全体の救いに仏の浄土をみようとされた。『立正安国論』はそのような日蓮聖人の宗教の特色を見事に表明したものである。すでに建長五年（一二五三）、純粋法華経信仰の宣布を決断して自己の歩むべき道を見定めておられた日蓮聖人が、「日本第一の法華経の行者」としての第一歩をふみ出されたのが『立正安国論』の執筆とその上呈であったと言えよう。

日蓮聖人遺文中、『立正安国論』に言及するものは十篇をこえ、聖人自身が書写された『立正安国論』も知られているだけで五本を数える。このような例は他の遺文には全くみることができない。いかに日蓮聖人が、生涯を通じて『立正安国論』を心に置いておられたかが解る。おそらく口頭でも、弟子・檀越の方々にくり返し教示されたことであろう。弘安五年(一二八二)九月、池上入涅槃に臨んで、聖人が『立正安国論』を講ぜられたとする所伝もゆえあるところである。

立正安国は単なるスローガンではない。正法を建立し国を安んずることは、正法を覚知し、その正法にもとづいて安国を実現する実践者がいなければならない。釈尊の正しい教えを知る智慧と釈尊の教えに生きる勇気のある者が、その使命感に燃えて立ちあがることによって立正安国は現実のものとなる。釈尊の命を受けて釈尊世界の実現に挺身する者は真の仏子であり、仏の使いである。

日蓮聖人は三つの誓いを立てられた。

我日本の柱とならむ
我日本の眼目とならむ
我日本の大船とならむ

文永九年（一二七二）二月、配流の地佐渡で著わされた『開目抄』に、聖人は自らの使命感をこのような三つの誓いの言葉で表明された。これを三大誓願と称する。日本国の安穏を実現するために、自らの身命をかけようとするその決意は、言うまでもなく菩薩の精神である。菩薩は利他を本分とする。すなわち、一切の人々の為に自らをなげうつ行為を菩薩行という。日蓮聖人の決断と行為は法華菩薩道の誓いと実践にほかならない。聖人は法華経社会の実現の為に身命をなげうたれたのである。

法華経の弘通には必ず大難が興起する。法華経見宝塔品には六難九易、勧持品には三類の強敵、法師品には「如来現在猶多怨嫉況滅度後」、不軽品には「悪口罵詈杖木瓦石」、安楽行品には「一切世間多怨難信」等と説かれている。日蓮聖人はこのような釈尊の予言を深く心に刻まれた。如来滅後の法華経弘通と大難興起が必然的関連をもつゆえに、聖人にとって法華菩薩道に生きることは生命にかかわる「決断」であった。聖人は釈尊の御声を聞かれた。「身命を捨てて法華経に生きよ」と。法華経勧持品には「我不愛身命但惜無上道」、涅槃経如来性品には「寧喪身命不匿教」と説かれている。「正法弘通に身命をなげうて」とのこれらの文を、聖人は仏の勅命と受けとめられた。聖人の決断は三つの誓いの言葉となって表明された。それは「一切衆生の為に自らの身命を捧げます」という菩薩の誓願であった。釈尊の御前で、日蓮聖人は捨身の誓いをされたのである。ここから日蓮聖人の宗教が生まれたと言っても過言ではない。

立正安国は菩薩の誓いによって支えられ、菩薩道の実践によって具現される。この偉大なる誓いに生きる宗教が日蓮聖人によって提示され、今、私達に問いかける。「捨身の誓いを立てよ」。

立正安国の誓いに生きることができるか。立正安国の題目を唱えることができるか。日蓮聖人が釈尊の御声を聞かれたように、今、私達はいかなる思いのなかで日蓮聖人の御声を聞こうというのか。南無妙法蓮華経

(『妙蓮華』第二一号　昭和六〇年七月)

五　日蓮聖人と霊山浄土

建治二年(一二七六)三月、身延の日蓮聖人のもとへ、光日尼より一通の書簡が寄せら

れた。それが生国安房国より来たものであるのをご覧になると、封を切るのももどかしく文面を追われた。ところがすぐに聖人は肩をおとし、はるか彼方の空をみつめられた。書簡は光日尼の子・弥四郎の死を告げたものであった。

はじめ、弥四郎は聖人の説法を聴聞する大衆の一人であった。聖人ご自身、「常の人に過ぎ」た人物であると心にかけられていた。ある日、この青年は聖人を訪ねて来た。「もとより無常は世の習い、武士である以上いつはてるとも限りません。このたび主人の命により生死の境に臨みます。私の後生のゆくえと寡の母をお弟子に加えて頂きたいのです」。弥四郎の相談を受けた日のことが昨日のことのように思われた。やはりいくさによって弥四郎は死んだという。聖人は心を痛め、慰めと子息の成仏を説き、光日尼の信仰を励まされた。『光日房御書』がこれである。その後もくり返し光日尼へ書簡が送られた。

今の光日上人は子を思うあまりに、法華経の行者と成りたまう。母と子ともに霊山浄土へ参りたまうべし。その時ご対面いかにうれしかるべき。

霊山《りょうぜん》とは霊鷲山のことで、中インド摩掲陀国《まかだこく》の首都王舎城の東北にある釈尊の法華経説法の地である。法華経序品に「仏、王舎城、耆闍崛山《ぎしゃくせん》の中に住したまい」と説かれており、この「耆闍崛山」が霊鷲山のことである。霊鷲山で説かれた法華経が釈尊出世の本懐

（本意）であるゆえに、霊鷲山は単に説法の会座《えざ》という場所的な意味にとどまらず、法華経信仰のよりどころとして重視されるのである。寿量品には次のように説示されている。

時に我及び衆僧ともに霊鷲山に出づ、我時に衆生に語る、常にここにあって滅せず……常に霊鷲山及び余の諸の住処にあり、衆生劫《こう》尽きて大火に焼かるると見る時も、我がこの土は安穏にして天人常に充満せり……我が浄土はやぶれざるに、しかも衆は焼け尽きて、憂怖《うふ》諸の苦悩かくの如きことごとく充満せりと見る。

久遠の生命を開示することによって、釈尊は、三世にわたる衆生の救済者であることを明かされた。こうして、霊鷲山は久遠釈尊とともに住する永遠不滅の浄土として私たちの眼前にあらわれた。

日蓮聖人は念仏信仰の他土往生を否定し、現実社会に正法を流布するところに、個人および全体（国土）の成仏が実現するとされた。法華経受持（＝実践）による自然譲与の証《あかし》や立正安国による仏国土実現がそれである。このような現実社会に樹立されるべき浄土とともに、聖人は霊山浄土への往詣《おうけい》を説き、法華経信仰者の後生の安心とされたのである。

霊山往詣について説かれるのは主に佐渡在島以降であるが、後世・後生についてのお考えは聖人の求道の初期から一貫している。『守護国家論』には「こいねがわくは道俗、法の邪正を分別して、その後正法に付て後世を願え」と述べ、さらに後生のゆくえを説き、堕地獄の行為をいましめられるご文章は枚挙に遑《いとま》がない。

法華経に身命を捧げられた聖人は、もとより死は常のお覚悟であった。文永八年（一二七一）竜口の首の座と佐渡への流罪は生死に迫る大難で、聖人とその門下に致命的な衝撃を与えた。

聖人は自らを「魂魄《こんぱく》日蓮」と呼び、門下の大半は退転を余儀なくされた。さらに佐渡に渡ってからも日夜聖人の命は危険な状態の中に置かれていた。佐渡の聖人はまさしく死とともにあったといえる。死をみつめ、死を実感される日々の中で、『開目抄』が著わされた。「日蓮が流罪は今生の小苦なればなげかしからず。後生には大楽をうくべければ大いに悦ばし」と、身命に及ぶ法華経信仰を無上の悦びの中で語り、さらに二ヵ月の後、富木氏への書簡の結びに「万事霊山浄土を期す」とその心中をお示しになったのである。

翌月の『観心本尊抄副状』には「こい願わくば一見を歴て来るの輩、師弟共に霊山浄土に詣て三仏の顔貌を拝見したてまつらん」と、門下に教示されている。

このように、霊山浄土への往詣は、法華経の行者としての死との直面の中で実感され、それが法華経を通して具体化されていったものである。法華経に生きることによって現実社会に仏果を志向しつつ死後の霊山往詣を願うのは、今生きている真実の証を、現世と後世にわたって受得することである。久遠釈尊の世界に生きるという永遠不滅の生がそこに実現する。

現在は文化的な生活を享受し、平均寿命が延びたとは言え、世の無常に時代の異なりはない。形こそ異なるが、私たちの生活にも「いくさの難」に遭遇する予感が常にある。生きることが死とともにあることを知ることこそが人間の知恵というべきであろう。

法華経の信仰は、生きて久遠釈尊とともに、死してまた久遠釈尊とともにあることである。霊山往詣の契《ちぎり》は、今、生きていることのなかに意味がある。生と死を超えた現在の生を、法華経は今も私たちに語り、そして問いかけている。

（『日蓮宗新聞』第九一六号　昭和五四年三月一日）

第四章　信仰と儀礼

―日蓮宗の諸相―

一　日蓮宗の唱題行

一　はじめに

日蓮宗の修行の中心は「南無妙法蓮華経」の唱題である。これを『日蓮宗宗義大綱』（日蓮宗宗務院発行）では次のように説明している。

本宗の信行は本門の本尊に帰依し、仏智の題目を唱え、本門戒壇の信心に安住するを本旨とする。機に従って、読・誦・解説・書写等の助行を用いて、自行・化他に亙る信心を増益せしめる。

唱題とは単に法華経の題目を唱えることではなく、本門の本尊に信心帰依し、久遠釈尊の偉大な功徳の結晶である本門の題目を唱えることである。この唱題こそが成仏の正行であり、さらに読・誦・解説・書写等の助行をもって自行化他にわたる信心の増進をはかるのである。これを唱題正行、四種（読・誦・解説・書写）助行という。

二　日蓮聖人の行法観

日蓮聖人は、流謫《るたく》の地佐渡での著『如来滅後五五百歳始観心本尊抄』（略して『観心本尊抄』）に、唱題の原理を次のように説示されている。

釈尊の因行果徳の二法は妙法蓮華経の五字に具足す。我等この五字を受持すれば自然《じねん》に彼の因果の功徳を譲り与へたまふ。

釈尊の因行果徳とは、久遠の過去よりこのかた、釈尊が修せられた因位の行とそれによって得られた証果をいい、換言すれば久遠釈尊の全体を指す。久遠釈尊がおもちの全功徳が妙法蓮華経の五字に具《そな》わっているゆえに、この五字を受持すれば、自然《じねん》に釈尊の御功徳が譲り与えられるのである。この「五字の受持」こそ「南無妙法蓮華経」の唱題を意味し、「因果の功徳の自然譲与」は唱題による成仏をいうのである。

日蓮聖人は妙法蓮華経の五字を「釈尊の因果」のほかに、「仏種」「宝珠」「内証の寿量品」「要法」などと表現されている。日蓮聖人は末法という時代認識のなかで、極めて主体的・自覚的に釈尊の教えを受けとめ、釈尊御一代の教えは、釈尊出世の御本懐である法華経に集約され、その法華経の肝要は妙法蓮華経の五字に結実していると信受されたのである。この妙法五字こそ、仏となることのできる種であり、釈尊が末法の衆生に与えられた無上の宝珠であり、釈尊のお悟りであり、成仏の正因《しょういん》である。

「五字の受持」とは、そのような偉大な功徳体を全身全霊をもって受《う》け持《たも》つことをいうのである。

五字の受持、すなわち唱題は身《しん》口《く》意《い》の三業《さんごう》にわたる。身業受持の唱題とは身に妙法五字を体現すること、すなわち法華経の実践をいう。口業受持の唱題とは口に南無妙法蓮華経と唱えること、すなわち題目の口唱をいう。意業受持の唱題とは意《こころ》に法華経の信心を堅持すること、すなわち久遠釈尊への絶対帰依をいう。この三業受持が円満に具わった当処を五字の受持、すなわち唱題というのである。

唱題を日蓮聖人は「南無妙法蓮華経の五字」とも表現されている。「南無」は帰命《きみょう》、すなわち受持者の信心をいうのであり、「南無妙法蓮華経」は「妙法蓮華経」への絶対帰依《きえ》を意味する。釈尊の因果であり仏種である妙法蓮華経（五字）を受持する（七字）ことによって、仏果を自然譲与（五字）して頂くことを妙法五字七字という。

五字は釈尊が一切衆生の済度を願って末法の世にもたらされた慈悲の良薬である。煩悩に満ちた末法の衆生は、この良薬を頂くことによって重病を治癒することができるのである。慈悲の良薬を服することを受持（七字）といい、それによって重病を治癒することを自然譲与（五字）という。これが受持の成仏、すなわち唱題成仏である。

（妙法蓮華経）――（南無妙法蓮華経）――（妙法蓮華経）
五字――――七字――――五字
釈尊の因果・仏種　受持（信行）　譲与（成仏）

五字の受持が成仏であるのは、受持の当処に譲与があるからであり、これを受持即譲与という。受持は行者の信行であるが、それは釈尊によってもたらされた行法であり、行者は受持するのではなく、釈尊によって受持せしめられているのである。釈尊は「毎自作是《まいじさぜ》念《ねん》」（毎《つね》に自らこの念を作《な》す）（法華経寿量品）の悲願をこめて、毎《つね》に私たちに慈愛の手を差しのべて下さっている。この手を頂くことが五字の受持、すなわち唱題であり、受持の成就が釈尊の悲願であるゆえに、受持は即（自然に）譲与なのである。南無妙法蓮華経と唱えることは釈尊の因果の受得であり、受持者が釈尊と等しくなることを意味する。

三　日蓮宗の修行

日蓮宗では祖師日蓮聖人の提唱された法華経の教えにのっとり、種々の修行がなされてきた。長い伝統の中で修行内容も充実がはかられ、多くの人びとが修行を通して、日蓮聖人の教えを実感し、釈尊に面奉し、法華経の信心に安らぎを得てきた。

修行には信行道場や荒行など僧侶のみが行うものや、勤行・唱題行・寒行・写経など僧俗にわたるものもある。ここでは日蓮宗の正行である唱題を専ら行う、唱題行について紹介してみたい。

唱題行は日蓮宗だけの独得な修行である。唱題を特異な行法として組織的に体系化をはかったのは日蓮宗僧湯川日淳師（一八七六―一九六八）である。師は唱題行の十徳を次のように説いている。

(1)　身心調和（身体と精神が、調和融合して生命の根本の力が強くなる）。(2)人天一如（個人の生命が、宇宙の大生命に一如して大きな力となる）。(3)神仏感応（清浄心無垢の信があれば、大慈悲の神仏は必ず守護される）。(4)健康幸福（病気災難の苦悩をまぬがれ、健康長寿の幸福が得られる)。(5)智能活達(智能は明快活達に、芸術技能は優秀に有能の人物となる)。(6)人格向上(情操ゆたかに、明朗快活に堅実親愛なる徳性が完成する)。(7)生活安定(経済力が豊富となり、家庭は円満、社会の信望が厚くなる)。(8)不朽遺績(平和福祉に貢献したる事業の栄誉と功績は不朽に遺る)。(9)臨時正念(臨終は、苦なく悔なく、和顔の死相に一生の最後をかざる)。(10)成就仏身(未来永遠に、仏道を行じ、自他ともに円満の仏身を成ずる)。〈『日蓮宗仏事行事集』下〉

日蓮宗では護法統一信行のもっとも中心となる行法として唱題行を提唱し、その普及運動が行われている。

日蓮宗の『信行必携』(日蓮宗宗務院発行)には唱題行をするにあたっての心得とその方法について具体的に説明をしている。

唱題行の本質は無心に釈尊を頂くことである。したがってその基本は信心にある。信心のない唱題は真の唱題にはならない。釈尊に身も心も捧げきり、釈尊の御心に抱かれ、そのなかから法華経に生きる不退転の力を頂くのである。以下、作法の次第を示せば次の通りである。

一、礼拝　正坐合掌し、本尊を瞻仰《せんごう》し、ゆっくりと伏拝する。五体を投地して両の手に釈尊の御足を頂戴するのである。

二、道場観　伏拝のあと元の姿勢にもどり、この場が御仏の道場であることを想念し、導師の発声に続いて次のように唱和する。

まさに知るべし、このところはすなわちこれ道場なり。（付）諸仏ここにおいて阿耨多羅《あのくたら》三藐三菩提《さんみゃくさんぼだい》をえ、諸仏ここにおいて法輪を転じ、諸仏ここにおいて般涅槃《はつねはん》したもう。

三、本門三帰　合掌の姿勢で、三宝（仏法僧）帰依の文を導師の発声に続いて唱和する。

南無《なむ》（付）久遠実成本師釈迦牟尼仏《くおんじつじょうほんししゃかむにぶつ》。／南無《なむ》（付）平等大慧一乗妙法蓮華経《びょうどうだいえいちじょうみょうほうれんげきょう》。／南無《なむ》（付）本化上行高祖日蓮大菩薩《ほんげじょうぎょうこうそにちれんだいぼさつ》。

四、浄心行　身を正し心を統一する行。背をまっすぐ伸ばし、目を軽く閉じて手は法界定印（右手を下に指の部分だけを重ね、両の親指を輪にするように合わせ、ものつけ根におく）を結び、呼吸を整える。

五、正唱行　合掌の姿勢で導師の発声に続いて、「南無妙法蓮華経」と腹の底から題目を唱える。仏を念じ、仏の御意《みこころ》を頂き、仏と共に唱和する。唱題が十遍以上の時は終りの三唱は緩調にする。正唱行の時は太鼓を打つ場合が多い。太鼓の打ち方は種々あるが、その一例をあげれば、「南無」で小さく一打、「妙」「法」「蓮」「華」「経」はそれぞれ一つずつ大きく打つ。

六、深信行　手に法界定印を結び、瞑目して唱題三昧の法悦をかみしめ、自行化他にわたる功徳を念ずる。

七、祈願回向　合掌の姿勢で、世界の平和、一切衆生の利益を祈り、功徳を回向する。導師の唱える回向文の一例をあげれば次の通り。

あつむる所の功徳を以ては、一天四海皆帰妙法《いってんしかいかいきみょうほう》、天下泰平国土安穏《てんかたいへいこくどあんのん》、万民快楽《ばんみんけらく》。別して祈らくは、家内安全《かないあんぜん》、信心増進《しんじんぞうしん》、身体健全《しんたいけんぜん》、息災延命《そくさいえんめい》、如風於空中《にょふうおくうちゅう》、一切無障礙《いっさいむしょうげ》。又願わくは、先祖累代《せんぞるいだい》の精霊《しょうりょう》、有縁無縁《うえんむえん》の精霊《しょうりょう》、追善菩提《ついぜんぼだい》、坐宝蓮華成《ざほうれんげじょう》 等正覚《とうしょうがく》。願以《がんに》此功徳《しくどく》、普及於一切《ふぎゅうおいっさい》、我等与衆生《がとうよしゅじょう》、皆共成仏道《かいぐじょうぶつどう》。南無妙法蓮華経。

八、四弘誓願《しぐせいがん》　合掌の姿勢で、一切の衆生の救いのために煩悩を断じ、仏の教えに直参して仏道を成ず、という四つの誓いの言葉を導師の発声に続いて唱える。
衆生無辺誓願度《しゅじょうむへんせいがんど》、(付)煩悩無数誓願断《ぼんのうむしゅせいがんだん》、法門無尽誓願知《ほうもんむじんせいがんち》、仏道無上誓願成《ぶつどうむじょうせいがんじょう》。

九、受持　合掌の姿勢で、生々世々にわたる題目の三業受持《さんごうじゅじ》を誓う。導師の発声に続いて同文を復唱する。
今身《こんじん》より(付)同文／仏身にいたるまで(付)同文／よく持《たも》ちたてまつる(付)同文／南無妙

法蓮華経(付)同／南無妙法蓮華経(付)同／南無妙法蓮華経(付)同。

十、**礼拝**　心をおちつけて、静かに伏拝し、唱題行を結ぶ。

四　むすび

唱題行は、単独で修行することもあるが、そのほかに勤行や講習会・研修会・信行会などの催しの中でもとり入れられることが多く、日蓮宗の修行の中では最も盛んである。唱題行は人数や個人の技量に関係なく、だれでも容易に修することのできる修行であり、信心の増進、決定《けつじょう》に多大の利益を得ることができる。

ただ留意しなければならないのは、堂内における唱題行だけで、日蓮聖人の提唱された唱題そのものが成就するのではないということである。唱題行の精神を基盤として、日蓮聖人の願行である立正安国の実現に邁進しなければならないのであり、この意味においては、真の唱題行は世の中のあらゆるすべての場所を道場とするものでなければならない。現実社会における三業受持の唱題行に一切衆生の平等なる平和、すなわち立正安国が実現するのである。

（『大法輪』第五二巻第一二号　昭和六〇年一二月一日）

二　日蓮宗と節分会

一　節分の由来

節分とは文字通り、季節の分かれ目をいう。四季の移り変わりの日が節分で、立春・立夏・立秋・立冬の前日がそれにあたる。「せつぶん」のほかに「せちぶ」「せちぶん」とも称する。

春を一年の始まりと考え、立春の前夜を年越しとしたことから、特に立春の前日を節分と称するようになった。これが定着して、今では節分と言うと、一般には立春の前日を意味している。

節分（立春の前日）は年越しの意味があるため、新春を迎えるにあたっての除災招福を祈る種々の行事が催される。厄払いと称して煎った大豆をまいたり、戸口に鰯《いわし》の頭を刺した柊《ひいらぎ》の枝を飾ったりする。これには、豆をまいて悪い鬼の目をはじいて邪難を追い払い、鰯の頭を焼いた悪臭で邪鬼の侵入を防ぎ、柊のするどい葉で鬼の目を刺すなどのいわれがある。

このような風習は種々の民間習俗が混入したもので、作物の豊穣を意味する豆まきをもって、疫病・飢饉・苦難などの悪事を追い払うのである。

悪鬼追放とは厄払いの意味で、このような行事を追儺《ついな》と称する。

季節の変わり目に追儺の行事を行う風習は中国において古く周代からみられ、日本では文武天皇の時代から始まったと考えられている。『掃部寮式』には「十二月晦日夜追儺」とあり、『延喜式』(平安時代)などには追儺式の次第についての記述がみられる。

それによると、陰陽師が祭文を読み、方相氏が儺声を発して戈《ほこ》で楯を打ち、これとともに親王以下の王卿が桃弓で葦矢を射る。豆をまいて悪鬼を払うようになったのは室町時代以降のことのようである。

二　日蓮聖人と五節供

日蓮聖人には節分についての記述はみられないようである。しかし、日蓮聖人が季節のふしめについて述べたものとして五節供がある。

五節供は、五節句とも書き、一月七日の人日《じんじつ》、三月三日の上巳《じょうし》、五月五日の端午《たんご》、七月七日の七夕《たなばた》、九月九日の重陽《ちょうよう》の年五回の節日《せちにち》をいう。古来より、この日は祝日として特別の行事が催されたり、御馳走を食べたりする習慣があった。

真蹟は現存しないが、文永三年（一二六六）の成立と考えられている『秋元殿御返事』には、秋元氏の五節供についての質問に答えて、「委しくは知らないが」と前置きをした上で次のように記されている。

先ず五節供の次第を案ずるに、妙法蓮華経の五字の次第の祭也。正月は妙の一字のまつり、天照太神を歳の神とす。三月三日は法の一字のまつり也。辰《たつ》を以て神とす。五月五日は蓮の一字のまつり也。午《うま》を以て神とす。七月七日は華の一字の祭也。申《さる》を以て神とす。九月九日は経の一字のまつり、戌《いぬ》を以て神とす。かくの如く心得て、南無妙法蓮華経と唱へさせ給へ。現世安穏後生善処疑ひなかるべし。

（『昭和定本日蓮聖人遺文』四〇六頁）

年五回の節供の意義を南無妙法蓮華経にあてはめ、日蓮聖人独自の題目信仰を標榜されている。五節供は南無妙法蓮華経の祭りであるとの教示は、一年を通じて、怠りなく題目信仰を励むようにとの訓誡である。

もし、日蓮聖人に節分についての説示があったら、やはりその意義についても題目信仰のなかで教示されたことであろう。新春を迎える心構えも、除災得益の功徳も、日蓮聖人にとっては法華経釈尊の思し召しをいただくことであり、それは、ただひとえに題目信仰に心身を捧げきることであった。

三　節分会と鬼子母神信仰

節分会は神社、仏閣などで盛んに営まれており、日蓮宗だけの特別な位置づけがあるわけではない。日蓮宗各寺院では豆をまいて除災得幸の祈願を行なっており、儀式としては、神社や他の仏教各派とそれほどの違いはない。ただ、祈禱本尊として鬼子母神を祀っている寺院のなかには、豆まきの際、「鬼は外」の文は唱えないという伝統を守っている寺院もある。

鬼子母神はHārti（訶利帝）の意訳で歓喜母・愛子母などとも称される。出生した時は容姿端麗であったため歓喜と称されたが、性格が凶妖暴悪で、人々の子供を奪い食したため、訶利帝薬叉（鬼子母）と称されるようになった。人々は仏に訴えたため、仏は鬼子母の愛子をかくして誡められた。鬼子母は己の非を悔い改め、仏に帰依したという。

これより子授け・安産・子育てなどの守護神として鬼子母神が信仰されるようになった。『法華経』には法華経の行者を守護する善神として説かれており、日蓮聖人は十羅刹女とともに尊信し、大曼荼羅本尊にも勧請されている。

日蓮聖人滅後、鬼子母神は邪難を払う祈禱本尊として信仰されるようになり、江戸時代頃には憤怒鬼形の相をもつ鬼子母神が祀られるようになった。

鬼子母神信仰は庶民生活の中に根づき、入谷や雑司ヶ谷の鬼子母神は著名で、その繁昌ぶりが川柳などにもしばしばうたわれている。

中山法華経寺には日蓮宗の荒行堂が開設されているが、ここでは、毎年、百日の修行を通して祈禱の秘法相伝が行なわれている。節分には修行僧が全員出仕して追儺の法要を営む。

節分の豆まきに唱える「鬼は外」の「鬼」は邪鬼を指すが、祈禱本尊の鬼子母神も善神ながら「鬼」の字がつき、かつ鬼形のため、鬼子母神勧請の寺院のなかには、あえて「鬼は外」は唱えないとする慣習が生まれたもののようである。

四　節分会と除厄祈願

節分会には厄払いの祈願をする。とくに厄歳とされている数えの男二十五歳・四十二歳・六十一歳、女十九歳・三十三歳・三十七歳・六十一歳には、災難に遭遇するおそれがあるとされ、除厄祈願をする人が多い。

日蓮聖人は四条金吾の妻日眼女に除厄の教示をされている。文永十二年（一二七五）正月二十七日の『四条金吾殿女房御返事』によると、日眼女は身延の日蓮聖人のもとに御布施を送り、三十三歳の除厄祈願を依頼している。

また、弘安二年（一二七九）二月二日の『日眼女釈迦仏供養事』にも三十七歳の除厄祈願依頼の様子が記されている。日蓮聖人は日眼女の法華経信仰を称讃し、「三十三のやくは転じて三十三のさいはひとならせ給ふべし。七難即滅七福即生とは是也」（八五八頁）、「今の日眼女は三十七のやくと云々。（略）今日眼女は今生の祈りのやうなれども、教主釈尊をつくりまいらせ給ひ候へば、後生も疑ひなし」（一六二三―五頁）と、除厄得益の必然性を教示されている。

また、節分会には星祭りを行なって除災得幸を祈ることも多い。星祭りは七星九曜二十八宿をもって吉凶を占うもので、星の光や運行によって、曜日・方位などの禍福を知り、除災を祈念するのである。日蓮宗では北辰妙見大菩薩・日天・月天・星辰などの法華経守護の諸天善神を祀り、祈願をする。

（『中外日報』第二三四六三号　昭和六一年一月二七日）

三　日蓮宗の年中行事

日蓮宗の年中行事には、国民的な行事とも言える初詣・除夜の鐘などをはじめ、各仏教宗派共通の行事（彼岸会・節分会・盂蘭盆《うらぼん》会・釈尊降誕会・成道会・涅槃会など）、諸天善神の縁日（妙見尊・帝釈天・摩利支天・大黒天・七面大明神・鬼子母神《きしもじん》など）、先師先聖の忌日や縁起にまつわるもの、その他、各寺院の由緒や地方独特の風俗をもりこんだ行事などがあって、極めて多彩である。

なかでも日蓮宗のみに行われ、かつ各寺院に共通する年中行事として、宗祖日蓮聖人の生涯を慶讃・追慕する降誕会・開宗会・法難会・御会式《おえしき》（宗祖涅槃会）がある。ここでは多くの年中行事のなかから、これら日蓮宗独自の年中行事について紹介したい。

宗祖降誕会（二月一六日）日蓮聖人の生誕を祝う法会《ほうえ》。日蓮聖人は貞応元年（一二二二）のこの日、安房国（千葉県）小湊《こみなと》に漁師の子として誕生された。その日、小湊では海上一面に蓮華の花が咲きほこり、海中に鯛《たい》が群れ、庭からは清水が涌き出たと伝えられている。成長した日蓮聖人は法華経に説かれている地涌《じゆ》の菩薩としての自覚に燃え、末法の悪世《あくせ》に生きる人びとの救済に生涯を捧げられた。このことから、後世、信仰的に聖人の誕生を意義づけて、この日を菩薩の子《みこ》生誕の聖日とする。

日蓮聖人誕生の地には誕生寺が建立され、日蓮宗の霊跡寺院となっている。

立教開宗会（四月二十八日）日蓮宗の開宗を祝う法会。日蓮聖人は、建長五年（一二五三）三二歳の時、出家得道の地清澄寺（千葉県天津小湊町）において、長年の修学の結果得た確信にもとづいて純粋法華経信仰の宣言をされた。清澄山旭ケ森の山頂に立ち、太平洋の大海原から昇りくる太陽に向かい、聖人は声高らかに「南無妙法蓮華経」と題目を唱え、法華経の行者として生きる不退転の決意と信仰の告白をされたのである。日蓮宗ではこの日を開宗宣言の日として法会を営む。

伊豆法難会（五月一二日）日蓮聖人が、弘長元年（一二六一）、幕府に捕えられ、伊豆国伊東へ流罪された日で、聖人の忍難慈勝《にんなんじしょう》の遺徳を偲んで法会を営む。文応元年（一二六〇）に聖人が幕府に上呈した『立正安国論』は、法然浄土教に対する批判であったため念仏信者の怒りをかい、ついに幕府への讒訴《ざんそ》へと発展した。

鎌倉で逮捕された聖人は伊東八郎左衛門の預りとなって、由比《ゆい》ヵ浜から流人船に乗せられた。船出に際し、弟子日朗は師への給仕を志し同船を懇願して船辺にすがりついたが、役人は櫂《かい》をふりあげて日朗の右手を打った。由比ヵ浜を出た船は伊東の俎岩《まないたいわ》に聖人を降し、置きざりにしたため、聖人は水没の危険にさらされた。幸い、近くを通りかかった漁師（船守弥三郎）に救出され、聖人は弘長三年（一二六三）の赦免までおよそ二年間にわたって伊東の配地で過ごされた。

松葉谷《まつばがやつ》法難会（八月二七日）日蓮聖人が、文応元年（一二六〇）、鎌倉の草庵を暴徒に夜襲された日で、聖人の忍難慈勝の遺徳を偲んで法会を営む。その年の七月一六日に幕府に上呈した『立正安国論』は念仏者の怒りをかい、暴徒と化した大衆は聖人を亡きものにしようと、夜陰にまぎれて、松葉谷の聖人の草庵を襲撃した。聖人はあやうく裏山に難を逃れ、さらに危険を避けて下総の檀越富木常忍のもとに身をひそめられた。

龍口法難会（九月一二日）日蓮聖人が、文永八年（一二七一）、鎌倉で幕府に逮捕され、片瀬龍口であやうく斬首されかけた日で、聖人の忍難慈勝の遺徳を偲んで法会を営む。

祈雨の法験が現われず、日蓮聖人との対決に敗れた極楽寺の律僧忍性《にんしょう》は、同じく日蓮聖人を憎む念仏僧良忠《りょうちゅう》等とはかり、日蓮とその門下は、世間を誑惑《おうわく》し、兵杖を蓄え凶徒を集めていると幕府に讒訴《ざんそ》した。文永五年の蒙古の国書到来以来、外敵侵略の不安に悩まされていた幕府は、人々の動揺を払うために、この訴えを受けて、日蓮聖人とその門下に厳しい弾圧を加えた。

聖人は公けには佐渡流罪と決定されたが、逮捕にむかった侍所《さむらいどころ》所司平頼綱《しょしへいのよりつな》は私怨により、内々に聖人を殺害せんと企て、夜中に龍口の刑場に引き出し、聖人を斬首しようとした。しかし、この時、江の島方面より光が走り、驚いた武士が太刀を振うことができず、聖人はあやうく虎口を脱した。こうして正式の罪名通り、聖人は佐渡国守護大仏宣時の預りとして佐渡へ流された。

この時の法難は日蓮聖人の生涯のなかでも最大のもので、弟子檀越のなかにも牢にとらわれたり、所領を没収される者が出て、ついには法華経の信仰を退転した者も多かった。

龍口の地には龍口寺《りゅうこうじ》が建立され、日蓮宗の霊跡寺院となっている。

佐渡法難会（一〇月一〇日）日蓮聖人が、文永八年（一二七一）、幕府によって佐渡へ流罪された日で、聖人の忍難慈勝の遺徳を偲んで法会を営む。この年の九月一二日の夜半から一三日の未明にかけて、龍口で斬首の危機に遭遇した聖人は、からくもこれを脱れ、正式の罪名通り佐渡配流の身となった。

一三日の未明、鎌倉から一時領りの相模国依智へ向かい、一〇月一〇日に依智を立ち、二一日に越後国寺泊に着いた。二七日寺泊を船出して二八日に佐渡に着き、一一月一日、塚原の配処に入られた。文永一一年に赦免されるまでの足かけ三ヶ年間、聖人は佐渡の地で流人としての生活を送られたのである。

宗祖御会式（一〇月一三日）日蓮聖人の忌日に報恩感謝を捧げて営む法会。御命講《おめいこう》・御《み》影講《えいこう》・報恩講《ほうおんこう》・御影供《みえいく》・報恩会《ほうおんえ》などともいう。日蓮聖人は、弘安五年（一二八二）、武蔵国池上の檀越、池上宗仲の館で六一歳の生涯を閉じられた。逮夜にあたる一二日から一三日にかけて、聖人の御影をかかげて遺徳を偲び、報恩の法要を修して、宗祖の精神を継承し法華経に生きる誓いを新たにする。とくに、入滅の地に建立された池上本門寺では、一二日の夜、各地の講中から万灯がくり出し、多くの参詣者で賑わう。

小松原法難会（一一月一一日）日蓮聖人と弟子・信者の一〇数名が、文永元年（一二六四）、安房国東条郷松原（千葉県鴨川市）で、東条景信らの襲撃をうけた日で、聖人の忍難慈勝の遺徳を偲んで法会を営む。東条法難会ともいう。

前年の弘長三年、伊豆流罪を赦された聖人は、この年、久かたに故郷の地を踏まれた。この日、天津《あまつ》の城主工藤吉隆の招きを受けた聖人一行は、夕刻、松原で待ちうけていた景信の手の者に襲われ、多くの者が傷を負い、弟子鏡忍房と、事件を伝え聞いてかけつけた工藤吉隆が殉教した。聖人自身も額に傷を負われたが、からくも難をまぬがれ天津に逃れた。景信はこの地の地頭で念仏信者であったため、立教開宗時より聖人に怨恨を抱き、聖人の命をねらっていたのである。

工藤吉隆の遺児が後に出家し日隆と名のり、殉教者の菩提を弔うためにこの地に建立したのが鏡忍寺で、日蓮宗の霊跡寺院となっている。

（『大法輪』第五二巻第一号　昭和六〇年一月一日）

第五章　生命《いのち》をみつめて―心の軌跡―

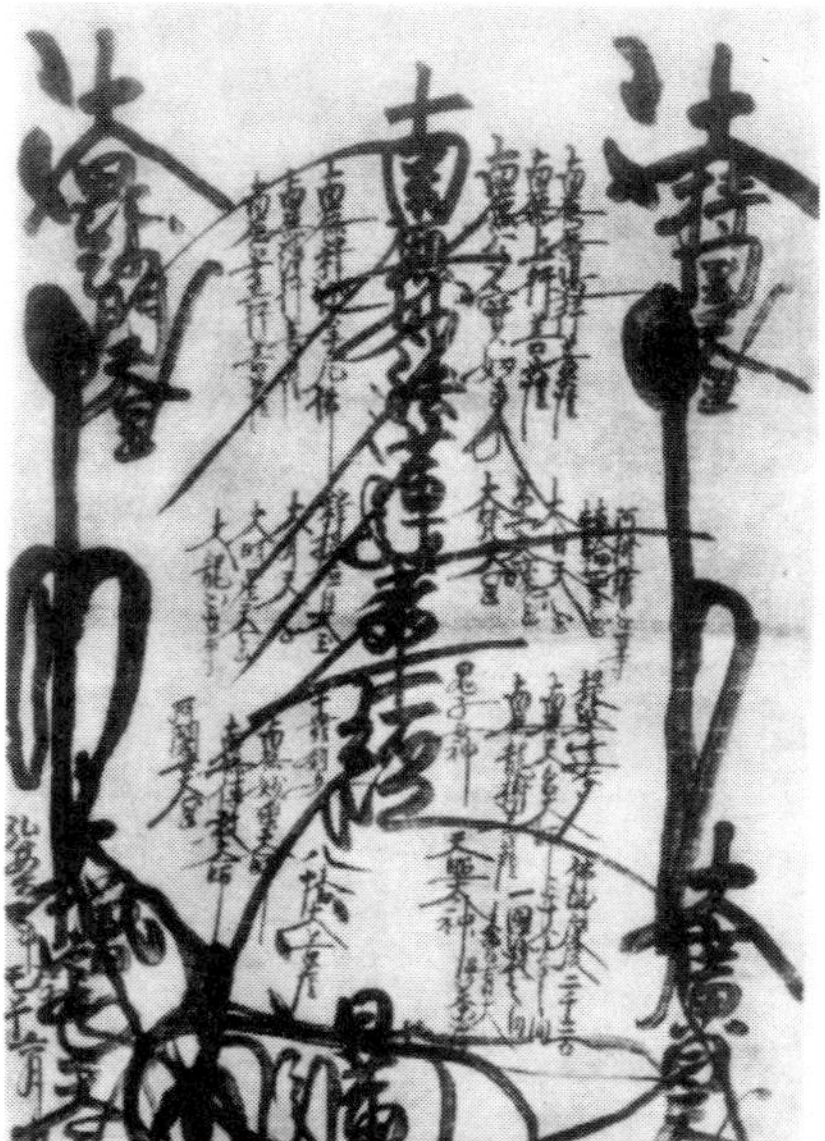

一　紅雀

一

昭和四十九年五月三十一日、午前四時五十五分、東京船員保険病院にて逝去。行年七十有六歳。その日は前夜半より暴風雨となり、トタン屋根を打つ雨と大銀杏の枝を走る風が、まるでいかり狂ったように闇夜を叩いていた。おばあちゃんの死はすでに予測されていた。

わたくしたちが駆けつけた時、おばあちゃんは瞑目していた。その静かな表情に死の影は微塵もない。むっくりと今にも起き出しそうな気配と期待が充分にあった。重ぐるしくよどんだ空気の中で、近親の人達がベットを遠まきにして目ばかりを見開いている。わたしは無造作に近づいておばあちゃんの額に触れた。驚くほどおばあちゃんは熱かった。それが通常の温かさをはるかに凌ぐものであるゆえに、その異常さが死との関連を思わせた。

周囲を憚っての読経の後、おばあちゃんは二本榎に帰った。その夜から翌月二日にかけて、仮通夜・本通夜・葬儀・告別がとり行なわれた。見知らぬ人達が大勢集まった。それらの人達が棺のおばあちゃんをとり囲み、盛大な法会が繰り返された。わたしと妻はおばあちゃんが遠くへいってしまったようだと話し合った。しかしそれは一時的なことだった。一連の営みが終ると潮が引くように人びとは去り、静かな一日一日が復元された。わたしたちは単純に、おばあちゃんがかえってきたと思った。

二

おばあちゃんの入院には死の予感がともなっていた。「おばあちゃんは上を向くようになったら死んじゃったわね」。天井をぼんやり見詰めながらおばあちゃんは言う。一昨年亡くなった近所の親しかったおばあちゃんのことである。いつもと違い顔色が少し灰色がかってくすんだように見える。部屋中に悲愴な予感が充満して、だれ一人、言葉も出ない。その中でおばあちゃんは自らの死を宣告するかのように暗示的な言葉をポッリと吐く。だれかが慰めの言葉をかけようとして、笑いにならない笑いを見せる。そのことが一層部屋の空気を重苦しくする。やがて時間が来た。病院の受付が開始され、入院の部屋が決ったとの連絡が入る。おばあちゃんはみんなに抱かれて車に乗った。身体中の痛みを顔面をひきつらせて耐えている。脇の者が車のドアを閉めるその瞬間、おばあちゃんはお堂に向って合掌した。目を力いっぱい閉じて念ずる。そのほんのつかの間の姿に、わたしはいつものおばあちゃんを見た思いがした。そしてその一瞬の祈りこそ、おばあちゃんが自分の意思で行なった合掌の最後の姿となったのである。

皆が去った後、わたしはウソのようにガランとしたおばあちゃんの部屋に立った。なにかかたづけておこうと思ったが、何も思いつかなかった。わたしはおばあちゃんのぬくもりのある部屋をいったりきたりわけもなく歩き回っていた。廊下にはおばあちゃんの可愛がっている紅雀が二羽、いやに呑気に、頭だけ巣から出して、しきりに啼いていた。わたしは水をかえ、餌をあたえて彼らの様子を見ていた。かつては耳をすましたこともないそのチーチーという啼き声が、今日ばかりは哀愁を帯びて響く。おばあちゃんの帰る日まで彼等の世話をすることが、言いつけられでもした任務であるかのように、わたしは責任のようなものを感じながら鳥篭のそばに立っていた。昭和四十九年二月七日の朝である。

三

その日から、わたしの病院への日参が始まった。そんなわたしをおばあちゃんは「皆勤賞をあげる」とひやかした。入院してまもなく、すがりながらも歩けるようになったおばあちゃんは、「屋上へあがったのよ」とか、「もうすぐかえるから歩行器用意しててね」と言った。しかしそれは一時的な喜びでしかなかった。五月中旬に入って容態は急激に悪化の一途をたどった。ベッドのおばあちゃんは目を潤ませて幻影を追うばかりだった。一息一息が死との境界を往来していた。だれも救うことはできなかった。だれもが息をこらしてただ見詰めるだけだった。五月十七日、医者はあと一週間の命と告げた。一秒一秒、わたしたちはおばあちゃんの時間を見つめていた。一週間目の二十四日になってもおばあちゃんは苦しい呼吸を続けていた。三十日になって医者は再び、あと二、三日と告げた。この時の宣告はたがわなかった。翌三十一日の朝、四時五十五分、おばあちゃんは苦界を脱した。一時間後、わたしたちが駆けつけた時、焼けるほど額が熱かった。しかし、おばあちゃんは苦しい呼吸をしなかった。

「たいへんなことをしてしまいました」。あるお年寄がわたしに言った。わたしは言葉に詰まった。「大変なことを……」。わたしこそそう言いたかったのである。

（『白毫』第一七号　昭和五一年三月三一日）

二　叱る

想えば私にはあまり両親に叱られた記憶がない。子供の頃はよく叱られたのであろうが、今は、両親が怒気を込めて私に迫ったという情景が浮かんでこないのは不思議である。四人きょうだいの末子であったため、親はある意味であまやかし、ある意味では放任していたのかもしれない。

女・女・男・男と続いた四人きょうだいの内、両親はことのほか長女と長男には目をかけていたような気がする。それはひがみでも何でもなく、このような構成の子供をもつ家庭の場合、親の心情としてはごく普通のことであろう。実際、私自身、女・女・男・男の四人の子供の父親であるが、やはり長女は何事につけても初めての経験であるため、色々と気をつかうことが多いし、長男は将来にわたって直接的につき合う可能性が強いことから何かと意識してしまう。

子供の頃、四人きょうだいの中で長女と長男は体力が弱かったこともあってか、両親はこの二人には特に目をかけたのである。

さて、お蔭様でと言っては語弊があるが、ある意味では自由奔放に育てられた私が、今、四人の子供の親になってつくづく感じるのは子供の教育の問題である。子供は白紙の状態に近い。そこに情緒豊かな人格の花を咲かせてやるには、親はどのようにすればよいのか。子供の人格を認めてなりゆきにまかすのはたやすいが、それでは野性の子供になり、社会生活を営むのに支障が多い。かと言って親の意見を一方的に押しつけるのもかえって子供の芽をつみとることになる。さらにまた乳飲み子から青年にいたるまでの長い過程の中では、当然、親の接し方は異なるし、子供にはそれぞれ個性やおかれた立場の異なりがあるから、たとえきょうだいでも同一の手段ですべてよしというわけにはいかない。たとえば私の家庭の場合、四人の子供の内、長女・長男と末子の次男には必要に迫られたり、あるいは心情的に意識が向くが、その間にはさまれた次女は無意識のうちに疎略になるおそれがあるため、次女には特に目をかけるよう常に注意を払っている。

このように親は子供の教育には心を痛め、あくせくするのであるが、どうもその効果は今ひとつと言った感がある。子供の教育は日本の将来がかかっているほど重要な問題であるから、親になるものは研修を受けるよう制度化すべきだという大妻女子大学の平井信義先生の御意見（『続・親の知らない子供の秘密』）ももっともだと思う。

子供を教育する場合、難しいことの一つに「叱る」という問題がある。何がなんでも叱ればよいというのでは、子供の主体性をそこなうばかりか性格をゆがめることにもなりかねない。叱らないと子供は他人の迷惑をかえりみない自我のかたまりとなってしまう。

「叱る」の裏返しが「ほめる」である。子供の教育には叱る以上にほめることがなければならない。つまり「叱り上手」と「ほめ上手」が子育てのポイントであろう。

学生時代、大学の先生から叱られたことがある。その自分が大学に奉職して数年を経ているのに、どうも学生を叱れない。家庭では子供を叱ることがあるが、大学ではこみ上げる怒気というものがない。我が子を叱る場合は、その子供の立場に立って考えるから、心から叱ることができるのではないかと思う。危険なこと、他人に迷惑をかけること、正義に反すること、このような時、親は真剣に子供を叱る。大学生には自主性が要求され、またそうであるべき前提の中で大学教育が進められている。大学生にもなると自分で判断し、行動すべきであり、そのことについて責任を持つことも当然のことと言えよう。たとえば、大学に行かないから、講義を受けないからといって、学生は大学や担当教員からお叱りを受けることはないのである。

しかし、それは制度上のことであって、実際の大学生活においては、教員と学生が密接な人間関係で結ばれている場合が多い。クラブ活動や演習・ゼミなどを通して相互が人格的な触れ合いをする。だがそれが大学の講義にそのまま適応されるとは限らない。講義が教員だけの一方通行に終ってしまうことはままあることである。

私は学生と気楽な会話をかわしたりするなかで、注意程度に叱ることはよくあるが、どうも心の底から叱るということはできない。学生を心底愛していないのではと言われれば、なる程そうかもしれないが、年々移り変る学生一人一人を我が子と思い切ることは容易ではない。もっともそれを実践しておられる先生方も何人かおられ、私自身、学生の時以来そういう親を思わせる慈愛の中で今日まで育てられてきたのである。研究室のある先生は「私達はファミリーだ」とよくおっしゃる。そのファミリーの輪を大きく広げ、その輪の中で学生一人一人を育てていかねばならないと思うのである。

仏さまは「すべての人々はわが子である」とおっしゃった。日蓮聖人はこれを「久遠の愛子」（永遠にわたる仏の愛しい子）と表現されている。仏さまや日蓮聖人のお思召を思う時、まだまだ「不覚」の自分に慚愧の念を禁じ得ない。

（『妙蓮華』第一八号　昭和五七年七月）

三　布教会十年に想う

一

早いものである。まさしく夢のごとくに十年が過ぎ去った。昭和四十二年春。私は夜行列車「出雲」にゆられて上京した。夕闇におおわれていく奥丹後の村々のかぼそい情景も消えやらぬ数ヶ月の後、私は立正大学布教研究会の発足とともに、知堂局という役務を拝命していたのである。已来十年、私の学園生活は布教会の歩みとともに今日にいたった。

当時、学園の新参兵であった私には、会発足の苦労話など知る由もない。三年生の浜田さんを中心として会は出発した。「立正大学には日蓮聖人の教えを学び、かつ実践する学生サークルは一つもない。今こそ行学二道にわたる活動サークルを…」。浜田さんの説明はそんな趣旨だったように思う。私は同学の仲間と共に、まったく素直に入会した。当時、学生中央委員会の分裂等によって、学園は風の中の木立のようにざわめいていた。

誕生したばかりの会はすべてにおいて未熟であった。ある日、私達は身延山の仲間と話し合う機会をえた。彼等は毅然として答えた。「大聖人は、力あらば一文一句なりともかたらせ給ふべしとおっしゃっています」。会の最大の壁は、もとより無能な自己であった。自己への問いかけとそれによる自信・義務・責任の問題であった。私達は自らでさえ納得せしめるなにものをも有《も》っていなかったのである。そのために、時間の経過とともに仲間を失っていくことにもなった。脱会する者もあったのである。しかし、私はそんな仲間をうれしく思って見送った。教えの前にひれ伏すゆえに布教という大それた行為を自己に問いかけ、苦しまねばならない仲間は素晴しいと思ったのである。身延山の仲間は、そんな私達からははるかに高い処に坐っていた。彼等は全身に自信をみなぎらせ、意欲に燃えていた。

会の実際の活動は休暇中の合宿においてなされた。初回は確か伊豆の蓮着寺であったと記憶している。顧問の茂田井先生を囲んで、芝生に坐った。浜田さんは「散歩が好き」と言って私達を連れて山内の松林を歩き回った。茂田井先生はそんな浜田さんを見て「散歩するのはいいけれど、思索をしなけりゃだめだよ」とおっしゃった。

週一回の昼勤や、聖日を期しての校庭布教、あるいは勉強会等を通して、会は一応その形態を整えつつあった。三年目を迎えるころには学生服に輪袈裟から、居士衣に小五条、手甲脚絆のいでたちに変っていった。

私達の学年に会運営のバトンが渡った時、身延山から、かつて指導を乞うた仲間達が編入して来た。彼等は「布教会があるから来た」と悠然と言いはなった。学園は荒れに荒れていた。中央委員会の分裂抗争は激化し、かつ学園当局とのもみあいの中で、靖国法案等の政治的・社会的問題もからんで、教授のつるしあげ、マイクの応戦等が日常茶飯事となって、狭いキャンパスはまさしくごったがえしていた。仲間のある者は、マイクをもって一人キャンパスに立ち、ある者は、法衣をまとって、太鼓を打ちながら登校していた。そんな中で、会自体の体質とその活動内容も問われねばならなかったことは言うまでもない。怠惰な私は、仲間に呼び出されてこんこんと諭された、いや、お叱りを受けたこともあった。

二

そんな体験を経るなかで、私は一人佐渡を行脚してみようと思った。法衣に頭陀袋とハンドマイクを下げ、小さな玄題旗を握りしめて東京を発った。

両津港でマイクを握っていると、大学生のグループが足を止めた。彼等は「うらやましい」を繰り返して去っていった。お婆さんが寄って来て十円玉を五つ太鼓の上に置いてくれた。

根本寺に着いたのは夕方近くであった。激しい雨がもの寂しい風景を曇らせていた。女子学生がついて来た。根本寺の大木に囲まれた石畳にさしかかっても、女子学生はついて来た。私は網代笠を差しかけた。すでに二人とも全身から雨のしずくがしたたり落ちていた。「なぜだかわかりません」。彼女は根本寺の一室で私を見上げて言った。佐渡高校の生徒であった。

道路を歩いているとひっきりなしに観光バスがすれ違い、乗客がふり返った。マイカーが止まり、合掌して十円玉が差し出された。食事をとったお店で、「お代はいらないよ」とおかみさんは笑って答えた。夕方、山道を迂回して一ノ谷に入った。一ノ谷を訪れることは、この旅の目的の一つであった。くすんだ窓ガラスに山影が映って時間が停止したように静かであった。突然の来客を貫首様は本堂の脇の一室に導いて下さった。食事を頂いたあと、貫首様は想い出をたぐって私に語られた。その夜、よくは解らないまま、『観心本尊抄』御執筆の地にいるという事実の中で、私はいくぶん緊張し、そして満足していた。

三

四年生になって、私は、改めて自らの怠慢に驚愕しなければならなかった。山積する課題を前にして、私はなに一つ納得しうる解答を有していなかったのである。私は日蓮聖人の救いの論理を求めて進学を希望した。そんな時、大学院にいた浜田さんから、「学費は俺達にまかせておけ」と援助の手が差しのべられた。それは、日本育英会の奨学金で生活をしていた私にとって、願ってもない希望の灯だった。

昭和四十六年二月、会の仲間数名の志を得て、静岡市内と東京都内の托鉢が開始された。寒風の中であった。手足を凍らせて街頭に立ちながら、私は、かけがえのない温かいなにものかに浸りきっているような爽やかさを、全身で感じていた。夜毎、全員が正伝寺の薄暗い本堂に額衝《ぬかず》いて、各地の有縁の仏心に謝し廻向を重ねた。喜捨はジャラジャラと音をたてて山をなしていった。そしてそれは私の大学院進学への可能性の道を照らす輝きをも秘めていた。

このようにして、学園生活における私の基礎的部分は会の中で培養された。已来、事につけ相談をも受けつつ会の活動を見つめる立場となり、今日にいたった。

四

数々の試行錯誤を繰り返しながらも、会は世代の息吹の中で運行していった。十年間の歴史には、多少の浮沈のあったことも事実である。しかし、活動にみる外見上の問題よりも、一貫して会員一人一人に問われ続けた問題があったはずである。それは教えと布教する自己との間に、今日もなお、永々として横たわっている。この問題は、会員個々にとって、ある時は、ジレンマとなり、ある時は自己嫌悪をもたらす怪物でもあった。しかし、これは確実に、一人一人にになわれるべき課題であったはずである。前述の如く、確かに、会の発足当時、だれしもこの問題に直面した。ある者は如来の言葉の中で、ある者は信念に燃えて、ある者はこの問題にいどむが故に立ちあがったように思う。しかし、時の経過とともに、この根本的な問いかけの声がしだいに小さくなってきたように思うのは私だけであろうか。「何故に学び、そして人の前に立つのか。そんな自分とは一体何か」。今、会は、改めてこの問題を自己に問い直すことから出発しなければならないのではないだろうか。とくに、宗門全体の体質が内外において問われつつある今日、時代をになう青年にとって、これは必須の課題であろう。青年は決して、波上の浮草であってはならない。

街頭に立たずにはいられない。そこから布教会が誕生した。街頭に押しやるもの。今、そこのところを見つめようと言うのである。今、街頭に立つのは、このことを思うがゆえでなければなるまい。十周年の祝いとは、十年を画して、全国各地の仲間が、このことに想いをきたし、手をたずさえることを意味するものでなければならない。教えの前で、自らを想い、共に語り、そして立つ。布教会の使命は人類の歴史をせおって歩み続けることである。

（『布教会十年の歩み』昭和五二年五月）

四　光のなかで

吉川君への手紙

M先生は随分以前から「宗学する」という課題について考えておられたようです。しかし、「いかに現代社会に活きるか」という問いに対し、先生はいまだに言葉を発しようとはされません。「わからない」。これが先生のお言葉です。

「法華経の実践とは何だろう。今、国会へむけてデモをすることか、三里塚の死闘に加わることか。もし、仏の御声としてそのような思召が私にあれば、私は命をかけてそこにむかう。私はそこで死んでもいい。しかし、私にはそれらのことが法華経の実践だとは考えられない。何か違うような気がする。でも、具体的にどうしたらいいのかと問われた時、私は困惑せざるを得ない。今、私にできることは若い人達に教えを伝えることだけだ。私はそこに私の実践をみることしかできない。実際、私達は大変な所に立たされている。法華経は自己の実現によって活きる。私達は法華経を実現せしめねばならない。なさずにいることも、背を向けることも許されない。しかし、誤ってなすこともまた許されはしない。正しく実践する以外のすべては謗法堕獄となってしまう。聖人の進退きわまった境地もここにあったのだろう。そしてまた、私達も今、進退きわまっている。」

私達の責任ということを考えざるを得ません。私達は「自分はどうしたらいいんだ」と尋ね求めてきました。しかし、今、私達はもはやこの言葉を相対の場において発することはできなくなりました。私達の問いはそのまま私達に帰るものであるからです。それにしても、このようにかよわい自己に、この問いを投げかけるのは、私達を、困惑どころか無気力にさえします。先生が、若き求道者として出発されたその日から、たえず自己に反問され続けてきたこの問題が、今にいたって、未解決のまま提示されざるを得ないということの事実の中から、私達は何をつかみとれば良いのでしょう。人の命には限界があるにもかかわらず、宗学がいまだに出発点にも立っていないことを思うと、ただ前途をはるかに思いやるばかりです。
人類のために、一つの肉弾を捨て去る道を、今、私達は求めねばなりません。

（昭和四六年一一月一一日記）

水上勉先生への手紙

私にはお会いしてみたいという方々があります。たとえば、岡潔先生・上原専禄先生等がそうです。そんな方々の内の一人に水上先生があります。でも水上先生の場合は他の先生とは少し異ります。水上先生にお会いしても何も話すことがないだろうと思うのです。なぜなら、水上先生が『私のなかの寺』等で叫ばれていることに同調するがゆえにお会いしたいと思うのですが、お会いしても、これから私が生きていく上での感銘を先生から得ることはできないのではないかという気がするのです。仏教がいかに素晴しい教えであるかは充分知っているつもりですし、そのゆえに、現代の僧侶の中には、その偉大な教えを打ち砕きつつある者もあることを嘆くのですが、私には、それらに対して、ただ単に批判することが、正しい道であるとは思えないのです。人間が正しく活きる道を仏教に認めたと致しましょう。では、その教えを普遍化せしめるのは一体だれなのでしょうか。もちろん、仏道にある僧侶だとお答えになるでしょう。なるほどそれが普通の考えかもしれません。しかし、私はそうは思いません。一人の人間であると思うのです。正しい道が仏教にあると知ったその人こそが立ちあがるべきなのです。僧俗の問題ではなく、人間としての個人の問題なのです。知ったその人こそが、あらゆる社会の問題を背負って立ちあがらねばならないのです。水上先生、批判は己に拳をふるようなものだとは思いませんか。かと言って批判が誤りだと言うのではありません。むしろ、私にしてみれば、もはや批判の時ではないというのがいつわらない気持です。人間が真実に活きようとする道は客観論ではないと思うのです。主体的に自己をかけることに本当のものがあると思うのです。水上先生が「憎らしい」「寂しい」「悲しい」とおっしゃるのは、単なる先生個人の感傷ではないでしょうか。自分が自分に流す涙は決して社会を清くするものではありません。今ここに生きとし生けるすべての人間のために、私達は涙を流さねばならないのではないでしょうか。苦しみをそのまま苦しいと言われる先生は正直な方だと思います。しかし、その苦しみを自己に背負うことがなければ、先生は単なる一小説家にすぎません。今、これだけの声を発しておられる先生が、小説家に終るか、真実を歩もうとする人間として活きるか、それは先生御自身が決められることです。最初に、先生にお会いしても何も話すことがないと申したのはこのためです。先生の客観論には、私は何の感銘も受けないでしょう。宮沢賢治のように、苦しみを明るく照らす「悲しみの心」を、私は先生に望みたいのです。それは、「今、死ぬとしたら、先生はどうされますか」という問いでもあります。死を超えて、今を活きているという充実と安らぎを先生はお持ちなのでしょうか。

私は立正大学の大学院に籍をおく学生です。先生の御心を知りもせず、失礼千万な暴言、誠に以てお詫びの申し上げようもございません。ここで申し上げました事は、実を申せば私自身への誡めなのであります。何もせず、いいえ、何もすることのできない無力な自分を腹だたしく思いつつ、思いつくままにかくも御無礼なお便りを申し上げた次第です。重々お詫び申し上げます。

(昭和四七年九月一七日記)

光のなかで

やわらかな陽光。その暖かさを全身に感じて、私は今日を生きる。今日を生きているこの事実は、今日もまた生かされている喜び。結局は死への必然的道程であることを知りながらも、今の生を模索して今日もやみくもに生きている。この小さな心をささやかに燃やして、今日を喜びの中に迎え、喜びの中に送る。

（昭和四七年二月八日記）

（『法友』昭和五三年三月二五日）

五　本当のお題目

「あっ、お父ちゃんがまだあんなとこにいる」。寒行《かんぎょう》に行くと言って出ていった父はなかなか決断できず、玄関を出てから数歩進んだだけで、村里の屋根を望む石段に腰をかけて長い時間を過ごしていたのだった。思い悩んでいた父は、幼い子供の声にせきたてられるように石段をかけおり、黒い居士衣のたもとをひるがえしながら雪に埋もれた村のなかに消えていった。その時の父は、ちょうど今の私の年代であったろうか。

寒行とは冬の間、団扇太鼓《うちわだいこ》をたたいて村々を回り、喜捨《きしゃ》にあずかる托鉢行《たくはつぎょう》で、父はこれを故意に「乞食《こじき》」と呼んでいた。当初、若い父には寒行に出る勇気がなく、なかなか決心がつかなかったようである。それが出家者としての通常の寒修行であったなら、父も堂々と胸を張り、雪をけちらして村々を歩いたことであろう。しかし、父には家族の生活を支えるために托鉢をしなければならないというさし迫った事情があった。家族の生活を維持するために托鉢に出なければならないという意識が、純粋な仏道修行として寒修行をしているのではないという自嘲となって、父は自ら「乞食《こじき》」と称したにちがいない。

私が生まれた時は、すでに父の寒行は始っていた。四人きょうだいの末子に生まれた私は物心ついた頃から、この冬場の苦行に同道させられた。その頃は二人の姉は免除になり、三つ上の兄と私が父の後について回った。太鼓を打つ手がしびれ、足先が凍りついて錐で突き刺されたようにヒリヒリと痛んだ。喜捨されたお米が頭陀袋《ずだぶくろ》いっぱいになると、紐が首にくい込み、投げ出したくなるような衝動にかられた。学校に行くようになると友達の家の前では父の後に隠れ、なさけなくて顔もあげられなかった。そんな私達の気持にはかまわず、父は次々と家々を回り歩いた。そんな父がとても強い人のように思えた。

ところが先日、寒行を始めた頃の想い出をふと漏らした父の言葉に、父の本当の姿をみた思いがした。「子供にそう言われた時、本当になさけなかったで」。寒行に出ることがなさけなかったのではなく、おそらく父にとって、出ることを決断できないで躊躇していた自分自身がなさけなかったのではなかろうか。

今年七十五歳を迎えた明治生まれの父が、何となく漏らしたそんな一言に、温かい父親としての情を感ぜずにはいられない。父のそんな苦しみのなかで、自分達は育てられたのだと、今頃になってようやく気づく親不孝者である。

父が家族を支えることができたのはお題目のおかげである。私達は今日にいたるまで、ずっとお題目によって生かされてきた。お題目をいただいて命を支え、お題目によって明日を夢みることもできたのである。私達の唱えているお題目は私達の命のお題目である。

思えば随分と我儘勝手なお題目を唱えてきたものだ。慈悲深い釈尊や日蓮聖人は、そんな勝手気儘なお題目でも黙って許して下さっている。それだけにいっそう申し訳ない思いがつのる。釈尊や日蓮聖人から功徳を頂くばかりで、お題目に対して何の貢献もしていない。こんな人生で終始してしまったのでは、釈尊や日蓮聖人に合わす顔がない。

日蓮聖人は釈尊の魂をとらえて南無妙法蓮華経と唱えられた。その日蓮聖人のお心にしたがって私達も南無妙法蓮華経と唱えなければいけないと思う。自分達の命を支えるだけのお題目ではまだ本当のお題目ではないような気がする。日蓮聖人の唱えられたお題目は単に日蓮聖人の命を支えるためのお題目ではなく、全人類の、宇宙の生命《いのち》を支えるお題目であった。お題目が日蓮聖人で日蓮聖人はお題目であった。日蓮聖人の一言一言、一挙手一投足がお題目であった。日蓮聖人はお題目として生きられたのである。

お題目の功徳を頂くばかりで今日まで来てしまった。ここまで育てて頂いたのだから、いいかげんにお題目に御恩返しのまねごとでもしなければいけない時が来ている。お題目になれるか。お題目として生きられるか。本当のお題目を唱えることができるか。釈尊の光を背にされた日蓮聖人が、大きな眼でさっきからじっとこちらを見詰めておられる。

(『日蓮宗秋田県青年会会報』昭和六一年八月)

六　岳父《ちち》の旅立《たびだ》ち

昭和六十年十月二十五日岳父《ちち》(妻の父親)春田源太郎は安祥《あんじよう》として霊山《りようぜん》へ旅立った。十一月五日に迎える六十三回目の誕生日を目前にした、あまりにも早すぎる旅立であった。昭和五十七年六月三十日、食物が喉につかえるような感じがすると言って近くの病院で診察を受けた岳父は、その場で「入院、手術の要あり」と医者に告げられた。翌日、何を思ったか岳父は何の予告もなく、松坂屋で購入してきた高価なオモチャを持参して拙宅を訪れた。しかも、畳業の岳父は普段ラフな服装をしているのに、その日ばかりはめずらしく背広姿の正装であった。子供達が学校から帰るのを待って、電池で動くオモチャのヘリコプターを渡すと、岳父は一人、車を運転して帰っていった。

岳父の死の予告が家族になされたのはそれから四日後の七月五日、防衛医大病院に入院したその日であった。このままだと一ケ月、手術しても三ケ月と医者は告げた。あまりにも苛酷な宣告であった。家族全員、大地が沈んでいくほどの衝撃を受けた。

岳父はすでに察知していたのであろうか。七月一日の訪問はあまりにも奇抜であった。岳父は自らの死を予感して最後の別れに来たにちがいない。自分の娘に、そしてそれ以上と思われるほどいとおしんでくれていた孫達に、岳父は別れを告げに来たのである。そのことを一言も口には出さず、一人、車を操って帰途についた岳父の心のうちはいかばかりであったろうか。

岳父はことのほか孫達を可愛がった。時間がとれるとオモチャや絵本などを持参して拙宅を訪れたり、孫を自宅に連れ帰り遊びに連れていったりしてくれていた。孫のことを「お宝さん」と呼ぶものだから、子供達までが自分達のことを「おじいちゃんのおたからさん」と言うようになった。孫のために働いているのだと口癖のように言っていた岳父は、病気になってからも孫をともなっての旅行の計画を立てたりしていた。

岳父の入院の日から家族の戦いが始まった。それは肉体的な意味だけではなく、それにも増して精神的な意味での本当の戦いであった。本人の前では家族のだれもが明るく陽気に振舞った。それだけにいっそう心の中に空虚な思いが広がり、家族にとってはつらい日々であった。

手術と入退院をくり返しながらも、岳父の病状の進行は比較的緩かで、一ヶ月、三ヶ月と言った医者の宣告は幸いにもはずれた。医者も驚嘆するほどの生命力を発揮し、岳父はほそぼそとではありながらも生きながらえた。病床の岳父の一日一日は、愛する孫達との語らいの時間を再びとり戻す為の戦いであったと言ってもよいだろう。その希《ねが》いを胸に燃やして、岳父は病魔と戦い続けたにちがいない。

昭和六十年十月二十五日金曜日。その日、私は熊谷校舎出講の為、午前八時前に家を出た。池袋駅に着いたのは九時少し前であった。東武線への乗り換えの為ホームを歩いていた私は、しきりに自分の名前が呼ばれているのに気がついた。スピーカーの方を見上げるとまぎれもなくその声は「至急、自宅へ連絡せよ」とくり返し私に呼びかけていた。

葬送告別の時、子供達はおじいちゃんに「お別れの言葉」を捧げた。「一緒に身延山にお参りしましたね。山の緑がきれいでした。沖縄旅行は楽しみにしていたのに行けなくて残念です。このお別れの言葉はおじいちゃんから頂いた便せんに書きました。いつまでも私たちを見守っていて下さい」。

身延山に参詣したのは昭和五十九年三月二十九日であった。めったに家族旅行などしたことのない私達が、岳父夫妻とともども家族全員で身延山に詣でたのには種々の理由があった。その年の二月に私が始めて出版した日蓮聖人教学の研究に関する書物の報告を、身延山の御廟に参じて日蓮聖人に申し上げたかったことと、死期迫った岳父を身延山に参詣させ、かつ子供達との想い出をより多く残しておきたいとの思いが私にはあった。そしてそれよりもなお、かつてより岳父自身が身延山への参詣を切に望んでいた。加えてこの日は私たちが結婚して満十年の記念日でもあった。新婚旅行さえしなかった私たちにとって、十年間の歩みを身延山参詣を通して見つめ直すことは大きな意味があった。数多くの思いを込めて私たちは身延山に詣で、翌三十日の朝勤にも厳粛な面持で参列した。私たちの制止も聞かず、病体の岳父もまた早朝の勤行に加わっていた。岳父の身延参詣が、これをもって最後となったことは言うまでもない。岳父はそのことを予想し、肌寒い早朝の山の空気をついてあえて朝勤に参列したのであろうか。その年は雪が多く、三月末だというのに、身延へ向う道中のあちこちには残雪が多く見られた。

竹下日康法主猊下が病に倒れられたのはこの日の夕刻で、私たちは偶然、日康法主の最後の御回向を頂いたのであった。

孫をともなっての沖縄旅行の夢はついに実現できなかった。沖縄へ行くことは岳父にとって遊びではなかった。南の海や島々には苦楽を共にした戦友が眠っている。戦争で散っていった友がいつまでも岳父の心を離さなかったのか、その霊を慰めることをいつも自分の責務のように話していた。孫との沖縄旅行は岳父のそんな思いのなかで実現が夢みられていた。

病床にあって声も出なくなってからでも、子供達を連れて病院に見舞いに行くと、梨がりをして行けと、骨と皮だけになった痛々しい細い腕を出してその道順を懸命に教えようとした。

葬送告別の折、お別れの言葉を捧げる子供たちの声を聞きながら、私はありし日の岳父の姿が瞼に浮かび、流れ出る涙を止めることができなかった。

春田源太郎　―遠光院法行日源居士―

その身は滅しても有縁《うえん》の生者に魂が宿り、岳父はいつまでも生きているような気がする。霊山浄土で、孫達の成長を目を細めながら見守っているにちがいない。

早くも一周忌が近づいている。

（昭和六一年七月二六日記）

掲載誌（紙）一覧（順不同）

『法華』法華会
『大法輪』大法輪閣
『日蓮宗信徒青年』全国日蓮宗信徒青年会
『新潟東部日青』新潟県東部日蓮宗青年会
『講演録』兵庫県東部布教師会
『立正大学橘だより』立正大学学生部
『布教会十年の歩み』立正大学布教会
『白亳』立正大学Ⅱ部仏教学部自治会
『法友』立正大学Ⅱ部仏教学部宗学科有志
『正法』日蓮宗新聞社
『日蓮宗新聞』日蓮宗新聞社
『中外日報』中外日報社
『妙蓮華』長昌山立源寺
『日蓮宗秋田県青年会会報』日蓮宗秋田県青年会

写　真（順不同）

奉安・所蔵
宝塔絵曼荼羅　宇治直行寺
一塔両尊本尊　茂原藻原寺
日蓮聖人像　池上本門寺
撰時抄　玉沢妙法華寺
大曼荼羅本尊　京都本圀寺

提供
日蓮宗宗務院、立正大学日蓮教学研究所、
坂本万七写真研究所

原稿の転載と写真の掲載については関係各聖各位より深い御理解と多大な御協力をいただいた。厚く御礼申し上げる次第である。

あとがき

しみじみと、時の流れは速いと思う。昭和四十二年春、十八歳の時、奥丹後から上京して十九年が経過した。

いつの間にか年月ばかりを重ねて、東京の生活の方が長くなってしまったが、いくら東京の生活が長くなっても郷里のことは忘れない。私には、幼い頃の郷里での生活体験が、いつの場合でも心の支えになっているように思えてならないのである。

上京して今日まで、立正大学で法華経や日蓮聖人の教えを学んできた。その間、大勢の方々からはかりしれないほど多くの御恩を蒙ったが、何の御恩返しもできないまま、与えられた場でささやかに生きていくことしかできず、今日にいたってしまった。いまさらながら慚愧の念でいっぱいである。

本年は、元立正中学高等学校長・二本榎承教寺第四十四世故関勝興先生の第七回忌、承教寺第四十三世故三戸勝亮先生の令室三戸たま様の第十三回忌にあたる。私は大学卒業直後から承教寺にお世話になり、関先生には多大な御恩を受けた。承教寺へ移って約三年間は三戸の奥様と同居させて頂いていたが、その人格にふれて教えられることが多かった。第五章の「紅雀」は肉身のように身近な存在であった三戸の奥様「おばあちゃん」を失った時の気持を記したものである。感情に走った文章のため、読者には分りにくい面があるかもしれない。お詫び申し上げる次第である。

謹んで、慈教院日進上人の増円妙道と妙玄院慧光日珠大姉の追善菩提を御祈り申し上げ、加えて、私事にて恐縮ながら昨年十月に逝去した岳父、遠光院法行日源居士（春田源太郎）への廻向の意味を込めて本書を捧げたい。

本書は、求められるままにつづってきた小稿や講演原稿のなかから、法華経の信仰や日蓮聖人の教えに関するものを集録したものである。新聞や雑誌などに掲載された原稿の寄せ集めであるため、文体や文章の長短、記号の表記など、不揃いの点が多い。また、同一の事柄を重複して語っていることもある。まとまりがなく読みづらいことをお許し願いたい。

第一章には主に信仰について記したもの、第二章には私の日蓮聖人観に類したもの、第三章には日蓮聖人の教えに関するもの、第四章には広く日蓮宗に関するもの、第五章には私の個人的な想いを記録したものなどを集録した。

日蓮聖人や門下の事蹟など、最近の研究で新しい見解が提示されている事柄などについては、部分的に訂正や補筆をしたものもあるが、新見解が断定的でない場合は従来の学説に従った。全体のバランスの都合上、改題したものもある。日蓮聖人遺文は『昭和定本日蓮聖人遺文』（身延久遠寺発行）によった。

ささやかないのちの火を燃やして歩んできた心の軌跡をたどると、私には何か一つのおもいがあって、それが私の思考や行動を方向づけてきたような気がする。そのおもいのなかで記してきた拙文から、読者の皆さまに何かを感じとっていただけたら幸いである。

最後に本書の出版にあたり、御高配をいただいた山喜房佛書林主浅地康平氏、校正等の御協力をいただいた立正大学仏教学部講師糸久宝賢氏に対し、厚く御礼を申し上げる次第である。

昭和六十一年十月

庵谷行亨

庵谷行亨（おおたに ぎょうこう）

昭和 24 年（1949）京都府久美浜町に生まれる。

立正大学仏教学部宗学科卒業。立正大学大学院文学研究科仏教学専攻修士課程修了。立正大学大学院文学研究科仏教学専攻博士課程単位取得。

現在、立正大学仏教学部教授。博士（文学）。

主な著書、『日蓮聖人教学研究』『日蓮聖人教学基礎研究』『日蓮聖人の観心論』『日蓮聖人教学の基礎』『日蓮聖人の宗教世界』『日蓮聖人の教えと現代社会』（以上、山喜房佛書林）『日蓮聖人のこころ』『法華信仰の道』（以上、日蓮宗新聞社）『わが家の宗教・日蓮宗』（共著）『誰でもわかる法華経』（以上、大法輪閣）『日蓮聖人全集』第 3 巻（春秋社）『知っておきたい日蓮宗』（監修）（日本文芸社）『日蓮聖人御遺文・開目抄』（共編著）（四季社）『報恩抄ノート』（共監修）（東方出版）他

法華経信仰の世界
——生命の証——

昭和六十一年十一月 五 日　初版発行
平成 二十 年 二 月十六日　五版発行

©著者　庵　谷　行　亨
発行者　浅　地　康　平
印刷者　小　林　裕　生

発行所　山　喜　房　佛　書　林
東京都文京区本郷五—二八—五
電話　〇三—三八一一—五三六一
振替　〇〇一〇〇—〇—一九〇〇

ISBN 978-4-7963-0670-6